BOM TRABALHO

Dados Internacionais de Catalogação na Publicação (CIP)
(Câmara Brasileira do Livro, SP, Brasil)

Freeman, Laurence
Bom trabalho: meditação, atenção plena e vida profissional / Laurence Freeman; tradução de Roldano Giuntoli. – Petrópolis, RJ: Vozes, 2025.
Vários colaboradores.
Título original: Good work
ISBN 978-85-326-7269-8
1. Autoconsciência 2. Liderança 3. Meditação 4. Vida profissional I. Título.

25-281064 CDD-158.12

Índices para catálogo sistemático:
1. Meditação: 158.12

Cibele Maria Dias – Bibliotecária – CRB-8/9427

BOM TRABALHO

Laurence Freeman

Meditação, atenção plena e vida profissional

Com contribuições de Ray Dalio,
Peter Ng Kok Song, Angelene Chan,
Toh Bee Ping, Kailas Moorthy, Mark Hansen

Tradução de Roldano Giuntoli

EDITORA VOZES
Petrópolis

Tradução do original em inglês intitulado *Good work – Meditation for Personal & Organisational Transformation.*

Direitos de publicação em língua portuguesa – Brasil:
2025, Editora Vozes Ltda.
Rua Frei Luís, 100
25689-900 Petrópolis, RJ
www.vozes.com.br
Brasil

Diagramação: Sheilandre Desenv. Gráfico
Revisão gráfica: Bianca V. Guedes
Capa: Nathália Figueiredo

ISBN 978-85-326-7269-8 (Brasil)
ISBN 978-091-14-0166-4 (Singapura)

Este livro foi composto e impresso pela Editora Vozes Ltda.

Para Angelene Chan,

Francis Lee, Kailas Moorthy e a toda a DP Architects de Cingapura,

com gratidão pela tão generosa contribuição à visão de Bonnevaux,

e a Toh Bee Ping pela participação e transcrição das sessões iniciais.

Também estou muito grato a Peter Ng Kok Song e a Mark Hansen

por sua ajuda na condução do curso da DPA, bem como a Peter Ng Kok Song,

Jim Green e Lam Nguyen-Phuong por seus conselhos na preparação deste livro.

Sumário

Prefácio

Espero que este breve livro possa ajudar o leitor a descobrir como potencializar sua própria humanidade em todos os campos de atuação de sua vida. Para alcançar essa meta, o caminho que proponho é o de aprender a aceitar o dom da meditação, que é uma sabedoria universal e uma disciplina simples e transformadora. Uma vez que o trabalho ocupa grande parcela do nosso tempo e deveria ser uma das nossas principais fontes de significado, o foco aqui é o da conexão entre meditação e trabalho. Ao longo da existência, a maioria das pessoas passa a maior parte do tempo nas instituições onde trabalham. Isso significa que trabalho é mais que um ganha pão: é uma interface vital entre o mundo interior e o mundo exterior, e define nossa plena humanidade.

* * *

Em janeiro de 2017, fui convidado a ministrar uma série de conferências acerca de meditação à DP Architects (DPA), em Cingapura. A DPA é uma das maiores empresas do mundo em Arquitetura, com várias filiais em diversos países. As palestras foram abertas a todo o quadro de pessoal no escritório central de Cingapura, um grupo de profissionais jovens e criativos, cuja diversidade era estimulante. O convite partiu da principal executiva da empresa, Angelene Chan, que recentemente recebera o *President's Design Award*, e de Francis Lee, o presidente do conselho de administração. Trata-se de uma empresa vibrante, com visão e inteligência para refletir acerca da essência do que ali se faz. O desejo de incluir a meditação no local de trabalho ilustra a qualidade de sua liderança e, em si, oferece um *insight* sobre o que significa "bom trabalho" e de como ele pode ser alcançado e sustentado. Muito do que aprendi desse encontro apresento neste livro. "Bom trabalho", para mim, é o que traz à tona o melhor da pessoa que o realiza, e que acarreta benefícios duradouros aos que são por ele influenciados.

A reação dos que escolheram participar das sessões nas manhãs de sábado foi muito positiva. Eles queriam aprender a meditar. Como em todo processo de aprendizado, esse também é mais fácil quando realizado com outras pessoas. Por ser a DPA uma empresa asiática de expressão global, o pessoal que participou e meditou em grupo (tal como continua a fazê-lo todas as manhãs antes do trabalho) vinha de diferentes culturas e de amplo espectro da espiritualidade. Ainda que certo número de participantes tivesse religião – havia entre eles taoístas, budistas, hindus, *sikhs* e cristãos – a abordagem adotada foi secular, de modo a ser inclusiva. Optamos por não nos concentrarmos nas tradições religiosas que nos trouxeram à meditação, mas também não negamos suas fontes; assim, a apresentação foi feita em linguagem secular. Adotamos uma abordagem mais baseada na sabedoria que em meros aspectos físicos ou psicológicos.

* * *

Nossa principal prioridade foi ajudar os participantes a descobrir e a aprender pela experiência própria, ao desenvolver sua prática diária. Ao final do curso houve, por vezes, algumas discussões mais profundas sobre o *significado* de suas experiências recém-descobertas. Mas, também, isso se deu de forma aberta e não confessional. Os números mantiveram-se altos por várias semanas, o que me ajudou a ver como a meditação pode fazer do trabalho um *bom trabalho*, como transformar o ambiente de trabalho num local de encontros mais humanamente ricos e prazerosos, e como aprimorar esses relacionamentos de trabalho – que constituem parcela tão importante da nossa vida – de modo que se tornem algo mais alegre e, em todos os sentidos do termo, mais produtivo.

Essas palestras da DPA desencadearam o processo de formação deste livro, que trata do compartilhamento do dom da meditação em escritórios, empresas e grupos profissionais. Em alguns pontos mantive o tom coloquial da fala, porque a transmissão oral é o melhor meio de se ensinar a meditação – que trata de experiência e não de teoria, e se refere mais a pessoas que a ideias. Por trás de tudo isso havia o objetivo não apenas de resultados de curto prazo, mas do desenvolvimento de uma prática diária integrada na vida cotidiana, pela manhã e no fim da tarde. "A experiência é o instrutor", disseram os primeiros monges da minha tradição, há muito tempo. Em dez minutos de prática, aprendemos mais sobre o que é a meditação, sobre o seu significado e sobre como fazê-la, que em horas de leitura.

A meditação é uma sabedoria humana universal extremamente necessária hoje em todas as camadas sociais e em todas as fases da vida. Minha comunidade pratica a meditação na tradição contemplativa cristã. Porém, como resposta às necessidades da nossa era cheia de ansiedade e estresse, desenvolvemos as variadas ofertas do Meditatio, nosso programa de divulgação secular. Assim, ainda que este livro não negue, nem esconda, as raízes da meditação numa tradição de sabedoria que conecta diferentes culturas e períodos da história, não está estruturado num sistema específico de crenças. Para os que têm uma fé religiosa, no entanto, o aprendizado de como aprender a meditar poderá também oferecer novas e surpreendentes maneiras de compreender e aprofundar a própria fé.

A meditação só nos pede receptividade à nossa própria experiência de aprendizado, por meio de uma contínua repetição da prática. Para mim, mesmo depois de muitos anos nessa prática diária, a meditação continua a ser um processo de aprendizado e uma jornada pessoal. Descobri que seus frutos mais importantes se manifestam em meus relacionamentos, em todos os níveis. A simplicidade essencial dessa experiência, no entanto, está presente em todas as culturas e está aberta a qualquer tipo de personalidade. A meditação apresenta os mesmos desafios básicos e dá os mesmos frutos a todas as pessoas.

* * *

A primeira metade do livro concentra-se mais nos fundamentos da meditação. Conseguir entendê-los claramente, desde o início, será de enorme utilidade para o processo de aprendizado. Em seguida, analiso a maneira pela qual a experiência da meditação, com seus frutos e benefícios, melhora a liderança, uma das grandes necessidades de nossos tempos tumultuosos e essencial para a criação do "bom trabalho". A adoção de um novo e bom hábito, tal como o da meditação, é mais difícil que o acúmulo inconsciente de práticas ruins que nos desequilibram a vida, anuviam o julgamento e obscurecem as portas da percepção. Nos dias de hoje precisamos de toda a ajuda que possamos conseguir para aprender a meditar, pois se trata de algo que inova de maneira disruptiva tanto a esfera pessoal quanto a empresarial. Em nosso mundo pautado ao extremo pelo lado esquerdo do cérebro, isso frequentemente será visto como contracultura.

O livro também pode ser usado como permanente apoio prático ao longo do processo de aprendizado. Por exemplo, cada capítulo pode ser usado como preparação imediata para um período de meditação, a sós ou em grupo, como parte de uma introdução de 21 dias à prática regular.

Ainda que eu diga ser mais importante meditar do que pensar a respeito da meditação, somente no quarto capítulo descrevo a maneira de praticá-la. O motivo para essa contradição é que será melhor você começar a aprender a meditar dentro de um ritmo diário quando tiver ideia clara do que está fazendo e do que não está fazendo. Com um bom entendimento dos elementos básicos, será mais fácil manter a prática regular.

Todavia, sugiro que comece a praticar de imediato e, para ajudá-lo a fazer isso, que leia o quarto capítulo agora e assim dê início sem demora a essa jornada maravilhosa.

Laurence Freeman

PRIMEIRA PARTE:
Bom trabalho

1

Boas razões para meditar

É sempre bom compartilhar o que torna a vida melhor. Espero compartilhar, aqui, algo que possa ter valor em todos os níveis da sua vida pessoal e profissional, algo que não apenas arranhe a superfície, mas que chegue aos mais profundos significados da existência. Alguém já disse que ser humano e estar vivo é tão surpreendente quanto um peixe que, num vasto oceano, emerja a cabeça acima das ondas e a passe por um pequeno anel dourado que esteja a flutuar na superfície. Talvez o encontro com a meditação seja algo parecido, quiçá ainda mais raro. Foi assim comigo.

* * *

O significado surge a partir do senso de conexão. Uma das razões de haver, no nosso mundo, tanta ansiedade e confusão é a sensação de não estarmos conectados com as diferentes dimensões da nossa própria vida. Sentimo-nos fragmentados, divididos em diferentes direções, constantemente avaliados e cada vez mais isolados. Não é muito diferente quando estamos *online*, perambulando pela floresta da internet. Também não é diferente nas reuniões frequentes, nas viagens constantes ou nas metas de desempenho cada vez mais exigentes e estressantes. Se a meditação puder ajudar, será por meio de uma prática pessoal, verdadeira, regular, maravilhosamente mundana e surpreendentemente física. Só uma experiência real, empreendida com mente cada vez mais aberta, vai ajudar. Não desejo fazer com que a meditação pareça algo misterioso, sobrenatural ou exótico, porque é na própria normalidade que reside o seu valor. Todavia, compreender que meditação é muito mais que redução de estresse (ainda que tal coisa seja um benefício de grande valor) ajuda-nos a começar a aprender a meditação, e a leitura deste livro tem tudo a ver com isso. De maior valia, a meditação traz *significado* para a vida da pessoa. Ela constrói significado por meio de relacionamentos em todas as direções e dimensões, pessoais e profissionais. O significado encontra-se nas conexões vivas entre relacionamentos na vida pessoal, no trabalho, na sociedade e, de fato, entre cada um dos mundos surpreendentemente diferentes em que podemos viver se conseguimos escapar do entulhado armazém do egoísmo.

Em busca de algo

Ao darmos início ao curso DPA, muitos dos participantes falaram do que os levou a frequentá-lo. Todos estavam em busca de alguma coisa, e muitos eram mais ou menos conscientes de que algo em suas vidas estava incompleto ou lhes fazia falta. Razões semelhantes podem tê-lo levado a abrir este livro.

Curiosidade é uma razão muito positiva. Denota que você está receptivo ao aprendizado de algo novo e que se *interessa* por mudança. Uma boa base para qualquer aprendizado é, bem claro, essa receptividade cheia de curiosidade para conectar-se com algo novo. Expressei, acima, que meditação tem a ver com experiência. Ela é, para todos nós, um *novo tipo de experiência*. Isso quer dizer que você precisa estar verdadeiramente curioso e correr o risco de abrir-se para algo novo que é, ao menos no início, bem difícil de descrever.

Vários participantes também falaram da dificuldade em lidar com o estresse, mesmo em bom ambiente de trabalho. A vida moderna é em si mesma estressante. Vivemos em meio a uma cultura cheia de conflitos e tensões, com uma tecnologia que muda com rapidez, projetada para facilitar-nos a vida, mas que não raro se torna nova fonte de dependência ou infelicidade. Com frequência tornamo-nos escravos das coisas que deveriam estar a nosso serviço.

Da Índia vem a história de um homem que ganhou um servo especial dos deuses a quem prestara favores. O servo atendia todos os seus desejos e, quando o homem conseguiu tudo o que queria, só pensava em relaxar e desfrutar aquilo. Mas o incansável servo não parava de importuná-lo e demandava novos pedidos a cada minuto, até que o homem, em desespero, começou a esconder-se dele. Quando a vida desse homem se tornou insuportável, ele recorreu aos deuses: "Que posso fazer"? E os deuses então lhe disseram que fincasse um poste próximo de casa. Assim, quando o servo o incomodasse e ele não precisasse de nada, pediria que subisse e descesse do poste até quando ele, seu mestre, o chamasse para a próxima tarefa.

Trata-se de uma história simples, que traz alguns *insights* importantes; refletir sobre ela pode ser útil. Que representa o servo? E que é esse poste?

Vivemos em uma cultura cibernética dominada por dispositivos, que nos informa e convence de que estamos altamente estressados. Mas essa cultura também parte do pressuposto de que é assim que deve ser. Em áreas competitivas, muitos profissionais e executivos sentem que seriam ou aparentariam ser menos competitivos se estivessem menos estressados. Assim, uma das coisas que precisam tornar visíveis é a de que realizam práticas desestressantes convencionais e aceitáveis: isso mostra aos demais o quanto são estressantemente produtivos. Se você fosse um daqueles raros seres que não verificam suas mensagens a cada 12 minutos e conseguem de fato relaxar ao ir para casa ou sair para passear, será que as pessoas não o veriam como um perdedor? Contudo, o estresse é um dos principais problemas da vida moderna. É muito saudável enxergar a necessidade de relaxar e de estar em maior harmonia como elemento importante do que se espera aprender da meditação. De fato, a meditação é uma maneira benéfica de lidar com pressões e problemas; benéfica para nós mesmos assim como para as outras pessoas, na medida em que salvaguarda a saúde e a sanidade.

Que é saúde? Que é sanidade? Há muitos séculos, um monge[1] disse:

"Tempo virá em que o mundo enlouquecerá. Quando as pessoas virem alguém que não é louco, o apontarão dizendo: 'É louco porque não é como nós.'"

Neste nosso tempo, em que a nova normalidade na vida pública se tornou tão pouco civilizada, conduzida por forças brutas do ego, precisamos não só de reafirmar o significado de civilidade e decência, fundamentais em nossas organizações, mas também de proteger o necessário equilíbrio mental em nossa vida privada.

Alguns dos participantes na DPA mencionaram ademais – e talvez você sinta o mesmo – a necessidade de controlar suas emoções, quase sempre conflituosas e barulhentas, tais como raiva, tristeza, depressão e o impulso primitivo de simplesmente fugir de tudo. Talvez não seja raro acontecer de um passageiro, que no aeroporto olha para o telão em busca do seu portão de embarque, passar os olhos pela lista de outros destinos sedutores para os quais poderia de modo irresponsável partir e desaparecer em vez de tomar seu próprio voo. Um dos dons da meditação é harmonizar os diferentes aspectos de nosso ser: emocional, intelectual, profissional e físico.

1. Santo Antão, o Grande (251-356 d.C.)

Essa harmonia, integração pessoal ou bem-estar é outro nome que se pode dar a *saúde*. Não somos apenas cérebros, ou apenas corpos; somos seres integrados que fazem coisas, mas somos *prioritariamente* seres humanos, e não afazeres humanos. Os sentimentos, também, são sobremaneira importantes para manter ou interromper o equilíbrio, mais importantes que ideias. Mercados de ações são dirigidos por emoções e, com frequência, elas podem impulsionar ou afundar uma equipe de profissionais de qualquer organização.

A harmonização de toda essa energia é o que nos torna seres humanos criativos e fecundos, capazes de sentir gratificação mais profunda que o estresse e a ansiedade, na consciência de termos feito um bom trabalho.

A realidade está onde colocamos a atenção

Em sua maioria, os participantes do curso disseram esperar que a meditação os ajudasse a conseguir melhor foco. A distração crônica é uma das consequências endêmicas de um mundo onde estresse e deslocamento se tornaram normais – um mundo onde o lar se tornou um conceito relativo e impermanente, onde a multitarefa substituiu a atenção cuidadosa, onde a pertença-múltipla confunde o senso de identidade. A multilocalização não se refere apenas a lugares físicos, mas também a onde está nossa mente, inclusive quando nos encontramos em um lugar, sonhando estar em outro.

Essa profunda falta de atenção afeta a vida de crianças em etapas cada vez mais prematuras. A todo momento somos puxados e empurrados em direções conflitantes, enfrentamos escolhas cruelmente impossíveis e, de repente, colocamos em risco prioridades preestabelecidas. Nossa atenção dissipa-se na mídia, no noticiário e no entretenimento (ou no noticiário como entretenimento, ou no noticiário acerca dos que trabalham com entretenimento), no uso abusivo de comida ou de outras substâncias, em novos dispositivos e na dependência do consumo. A dependência, em si, está tornando-se desejável: vendem-nos muitas coisas, tais como as séries da Netflix, porque são viciantes de maneira explícita. Ser "viciante" é agora um forte argumento de venda. Em seus estágios iniciais, a dependência pode até ser prazerosa, desde que tenhamos meios de alimentá-la. Porém, mesmo que a oferta e a procura desse novo hábito continuem, o prazer de uma nova dependência desaparece logo e surge o apetite por novas emoções, novas distrações da realidade.

Checamos o celular sem parar. Vivemos num mercado virtual onipresente, que quer abrir-nos a carteira a todo momento. A pressão constante, o estímulo diuturno, a prejudicial luz azul do recarregamento da bateria do dispositivo ao nosso lado no quarto enquanto dormimos, as muitas fontes de ruidosas demandas por nossa leal atenção – tudo isso prejudica e exaure nossa faculdade mais importante. Isso gera uma cronicamente desatenta cultura da distração e uma viciante psicologia da distração que, *em si*, é insalubre e não criativa. Produz também uma demanda de tratamentos que podem, eles próprios, tornar-se vícios ou distrações.

William James, um psicólogo do século XIX, acreditava que criamos a realidade em que vivemos por meio do poder da atenção, e que o fortalecimento dessa faculdade é essencial para o desenvolvimento humano e bom para o caráter (termo que hoje está fora de moda):

> A verdadeira raiz do discernimento, do caráter e da vontade está na faculdade de voluntária e repetidamente trazer de volta a atenção que vagueia. Uma educação que desenvolva essa faculdade é uma educação de excelência.

Criatividade, harmonia pessoal e bom trabalho dependem do tipo certo de atenção, da qualidade do foco que conseguimos sustentar ao desempenhar múltiplas atividades. Encontrar satisfação e realização pessoal no trabalho que fazemos e nos relacionamentos que nos são mais caros também requer esse tipo certo de atenção. É óbvio que fazer multitarefas dissipa a atenção, e já se demonstrou que reduz a qualidade do trabalho realizado.

A meditação trata da atenção. É o bom trabalho da atenção. E seus efeitos fazem de nós pessoas mais atentas ao trabalho, assim como às fontes do amor e do significado de nossa vida. Retornarei muito a esse tema fundamental da atenção.

Muitos participantes também mencionaram desejar ser capazes de pensar, enxergar, entender e examinar problemas com a mente mais clara, e de melhorar a memória. Em qualquer tipo de liderança, o pensamento claro – capaz de trazer coisas à memória quando requeridas – é tão necessário quanto a decisão equilibrada. Ambos são essenciais para a construção de equipes bem-motivadas e para a realização do bom trabalho. Muitas das decisões que temos de tomar não se referem apenas a alternativas do tipo preto ou branco; em geral, são do tipo "dos males o menor". Amiúde não temos tempo suficiente para reunir todas as informações de que gostaríamos. Assim, precisamos do discernimento de uma mente clara, focada pela capacidade de atenção forte e bem treinada, a fim de nos ajudar a enxergar o que é "o melhor para a maioria" em meio a circunstâncias cambiantes: qual a melhor decisão a tomar, da maneira certa, neste momento.

Quando você começa a aprender a meditar, é bem razoável que tenha a expectativa de poder aprimorar desse modo a clareza mental.

Além do sucesso e do fracasso

As pessoas são atraídas para a meditação, também, porque desejam sentir-se mais calmas e menos frustradas, de modo a suavizar os altos e baixos da montanha-russa da vida, a evitar fracasso autogerado, a transformar fracasso em vantagem e a ter maior alegria e liberdade na vida pessoal e profissional. Grande parte da vida moderna produz um nó apertado e complexo com os cordões do estresse, da distração e da confusão. Isso gera em nosso interior um senso de conflito conosco mesmos, em geral percebido como sensação física no peito ou no estômago. Esse conflito interior oculto pode manifestar-se como sensação de bloqueio ou oposição hostil ao ambiente e relacionamentos de trabalho. Nesse estado, tendemos a culpar os outros, mas o que deveríamos fazer seria olhar para nós mesmos de maneira realista. Essa corrosiva falta de paz e essa contínua ansiedade que falhamos em reconhecer minam nossa capacidade de amar. Você não poderá manter um bom trabalho se não for capaz de amar o que faz e as pessoas com quem você trabalha.

Os outros são importantes. Um psicólogo certa vez observou: "O melhor tratamento é a maneira com que tratamos uns aos outros". Por mais criativos que possamos ser – capazes de trabalhar na solitude de nossa imaginação – faremos sempre parte de uma equipe. Afinal, esse é o significado do termo "companhia": companheirismo, trabalhar *juntos*. Observe de perto essa palavra e verá também que ela contém a palavra pão (*panis*). Assamos o pão, partimos o pão e compartilhamos o pão com os companheiros. O bom trabalho, inclusive o do tipo de trabalhador mais solitário, depende de trabalho em equipe. Aceitar esse fato significa que a motivação pelo sucesso e o medo do fracasso diminuirão e se tornarão menos obsessivos. Você ainda terá uma competitividade saudável, mas ela não o prejudicará. O trabalho que você fizer será então bom, e seus benefícios anularão de modo natural os efeitos negativos dos extremos da competição egoísta; pode até transformá-la em companheirismo e prazer.

Estar em conflito dentro de si mesma faz com que a pessoa fique menos amistosa, mais irritadiça com os colegas e alienada do ambiente. Quando forte demais, esse coquetel a conduz ao esgotamento. O termo "esgotamento" abrange variados tipos de colapso ou exaustão em todo um espectro do eu; vai da saúde física à mental e inclusive à espiritual. À medida que o esgotamento aumenta, a pessoa até pode manter as aparências por certo tempo, mas aos poucos se desconectará, ficará mais isolada, menos sociável, e se retirará em segredo para um mundo solitário, de onde olhará para fora com desesperançada sensação de separação. Trabalhará no modo piloto automático, mas por dentro estará desconectada dos movimentos pelos quais passa. Ao final, a mola esticada em demasia vai quebrar.

Conversei recentemente com o principal executivo de uma grande instituição multinacional. Há algum tempo ele apareceu nas manchetes de uma forma que ninguém gostaria de alcançar fama. Tornara-se tão sobrecarregado, insone, disfuncional e desesperançado que recorreu a três meses de licença, apoiado pelos colegas. Apesar de sua experiência e impressionante perícia, estava frustrado, bloqueado e estressado. Seu esgotamento era tão grande, que quando por fim pediu ajuda precisou ser sedado por vários dias. Felizmente ele recorreu à ação emergencial, e os colegas o respeitaram e apoiaram por isso. Sua firma era composta de bons companheiros. Talvez tenham sentido: "Não fosse pela graça de Deus, poderia ter sido eu no lugar dele".

Qualquer um rezaria para evitar uma experiência como essa. De fato, *podemos* evitar esse colapso extremo da pessoa humana, que se dá por estresse, desequilíbrio e falta de sensibilidade para com nossa integridade. Mas, para consegui-lo, precisamos identificar e lidar com os sintomas do estresse e da frustração nos estágios iniciais.

Um dos primeiros sinais de aviso que podemos observar é a perda da atenção ao outro, a perda do altruísmo.

Algumas pessoas, e talvez você seja uma delas, chegam à meditação com a esperança de encontrar maior autoconsciência. A experiência de aprendizado, em qualquer campo em que nos empenhemos, leva-nos à autoconsciência. O autoconhecimento – autoconsciência – surge da atenção, requisito básico para todo desenvolvimento humano. Trata-se da força motriz do crescimento pessoal. Também sustenta os relacionamentos com as outras pessoas, alimenta-nos e protege-nos do esgotamento e, ao longo do tempo, permite a reparação e a evolução do companheirismo.

Assim como precisamos de adaptar-nos a novas circunstâncias, os relacionamentos precisam evoluir à medida que as mudanças nos mudam. Essa verdade é experimentada, por exemplo, por um jovem casal que aprende a viver como pais de um recém-nascido e, anos mais tarde, a se ajustar ao ninho vazio. Mudanças na saúde ou na capacidade sexual ou física também demandam aceitação, reconhecimento e adaptação.

Tanto em um ambiente de trabalho quanto em um casamento, a sensação de estar preso numa armadilha de perspectivas e procedimentos ultrapassados é um estado mental desastroso.

Deslocar-se do sucesso para a fidelidade

Quando alguém vem acordá-lo, pode com suavidade sacudir-lhe o ombro ou acariciar sua orelha. Com delicadeza semelhante, a meditação toca e desperta algo profundo em nós. Trata-se de uma saudável intimidade conosco mesmos, que nos leva a perceber nossas motivações e nos traz humildade para corrigir os próprios erros. O autoconhecimento é um fruto da meditação que nos estende além de nós mesmos. Revela o contexto em que trabalhamos e salva-nos dos perigos do autocentramento. Sentimos isso no modo como melhora todos os nossos relacionamentos: um íntimo autodespertar com implicações universais.

Aprender a meditar é mais que apenas dominar uma especialidade ou técnica. Assim, agora que nos preparamos para esse aprendizado, temos de deixar isso claro. Precisamos analisar a questão do sucesso e do fracasso, e descobrir que não é a única maneira de avaliar as coisas. Nos últimos cinco anos, tenho ensinado meditação em um curso – Meditação e Liderança – que conta créditos para estudantes de MBA na McDonough School of Business da Georgetown University, em Washington, e na Singapore Management University, em Cingapura. É de se prever que estudantes de MBA se preocupem com o sucesso; afinal, é por isso que interrompem com algum custo a carreira a fim de estudar para essa graduação. Querem mais sucesso.

Muitas vezes, contudo, encaram todas as coisas – e muitos de nós fazemos o mesmo – com a ideia de que o *sucesso* é a principal prioridade. Com frequência, porém, perseguem o sucesso em uma área da vida sem entender o que o sucesso, a realização, significa na vida como um todo. Tornar-se o diretor da empresa poderia justificar o mais completo colapso da saúde física e mental? Ultrapassar metas de desempenho poderia justificar um divórcio, um vício ou uma depressão crônica?

Portanto, desde logo gostaria de assegurar-lhe que meditação nada tem a ver com sucesso ou fracasso. Você não precisa preocupar-se em ser bem-sucedido ou malsucedido na meditação. O propósito da meditação não é ajudá-lo a ter sucesso no que quer que seja, nem mesmo na própria meditação. Seu propósito é ajudá-lo a ser mais plenamente humano em todos os aspectos. Sermos plenamente humanos é o próprio sucesso da meditação. A meditação diz respeito à prática que você faz agora, e não à imaginação de resultados. Ao praticá-la com regularidade, você será levado a pensar de modo diferente acerca do significado do sucesso e de todas as outras coisas. De fato, a meditação modificará sua maneira de pensar. Onde você pensava conforme padrões compulsivos e repetitivos, passará a pensar de modo mais direto e criativo. Onde você pensava por intermédio de filtros de preconceitos e paranoias, passará a perceber as coisas e a prestar atenção nelas em contato imediato com a realidade. Em lugar do medo, você encontrará alegria. E, no entanto, pense nisso: a meditação não é o que você pensa.

Tal como ocorre com todas as coisas importantes na vida, ao aprender a meditar você às vezes terá sucesso e às vezes não. Haverá sessões de meditação em que sentirá terem sido "completo desperdício de tempo". Mas, se perseverar, gradativamente deixará de analisar a meditação dessa forma binária. A perseverança na prática revela entendimentos muito diferentes, bem mais abrangentes, profundos, integrados e *interessantes*. Ao aprendermos a meditar, a programação para o pensamento compulsivo acerca de sucesso e fracasso é tão forte que, via de regra, nosso condicionamento cultural com frequência entra em cena e domina: Estou sendo bem-sucedido? Estou fracassando? Chegarei a ser um bom meditador? Espero que os demais não percebam quão incompetente sou para meditar. Será que ela medita melhor que eu?

Portanto, desde o começo tente não deixar que o ego tome conta de sua meditação. Aprender a meditar nada tem a ver com sucesso ou fracasso. Tem a ver com algo chamado fidelidade: a prática fiel. Apenas medite.

2

Definição de meditação

Em 2008, uma equipe de psicólogos pesquisadores apresentou uma útil definição científica de meditação. Essa definição operacional nos auxilia, porque algumas vezes usamos de maneira confusa a palavra "meditação". Tem cinco princípios:[2]

1. O primeiro é de que a meditação é autoinduzida; em outras palavras, você não toma um comprimido, não se injeta nada. Ela não é externa a você; vem de você como pessoa inteira, vem por causa do que *você* está fazendo.
2. O segundo é de que há um método específico para a meditação, uma disciplina ou técnica. Eu escolheria dizer *disciplina.*
3. O terceiro é de que – e isso é muito importante – a meditação "concentra" a pessoa. Em outras palavras, na prática da disciplina há um ponto de atenção.
4. O quarto é de que ela também relaxa a mente lógica: a mente ativa, racional, analítica, lógica, que opera sem cessar.
5. E, por fim, é relaxante para o corpo.

---

2. Meditation for Health Purposes: Conceptual and Operational Aspects, Roberto Cardoso et al, in Mind-Body and Relaxation Research Focus, ed. Bernardo N. DeLuca, pgs. 213-224. ISBN 9781600218194

Existem vários modos e métodos de meditação. Alguns usam um tipo de atenção de amplo espectro, outros são mais unidirecionados; alguns observam os pensamentos sem se envolver neles, outros retiram a atenção dos pensamentos. Alguns métodos de meditação usam a atenção à respiração. Aqui apresento um método de meditação que é de atenção unidirecionada. Trata-se da atenção a um mantra, uma palavra que sem cessar repetimos na mente. No quarto capítulo, falaremos disso de modo mais detalhado. (Tal como mencionei no Prefácio, sugiro que você se adiante à leitura desse capítulo, de modo a poder iniciar a prática.) Faço esse preâmbulo para que você tenha entendimento claro dos fundamentos da meditação e, com isso, possa começar na direção certa e progredir de forma mais suave. Se você entender o real significado da meditação, a probabilidade de que desista será menor.

Basicamente, todas as abordagens à meditação úteis têm em comum o terceiro ponto citado anteriormente: que deve haver um foco de atenção. Essa definição ressalta mais o que nos ajuda a entender a meditação do que o faz o que encontramos em geral na mídia, ou em apresentações que a reduzem a algo que não vai além de uma técnica de desestresse, de trabalho rápido ou de bem-estar. Meditação é mais que isso. Acabaremos por desmerecer esse termo, que é antigo e de grande valor, se o usarmos de maneira vaga demais. Em nosso mundo dividido, o potencial que a meditação tem de nos abrir ao que toda a humanidade possui em comum – por ser uma sabedoria universal – é uma fonte de esperança. Trata-se de um dos grandes elementos de união da humanidade, no caminho para a sabedoria. Assim, uma boa definição de meditação é importante, ainda que seja impossível captar em palavras todo o seu significado.

Os meios e os fins

Delineei acima uma distinção entre sucesso e fidelidade. Há outro esclarecimento que gostaria de lhe apresentar: a distinção entre *atenção plena* e meditação. Tratarei mais disso no próximo capítulo. Serei um pouco repetitivo, pois será mais fácil você aprender a meditar se puder perceber essa distinção e obtiver assim entendimento mais claro do que de fato está fazendo.

Não fosse pela influência que *atenção plena* teve ao longo dos últimos 20 anos, é provável que não estaríamos ensinando meditação em tantas empresas, faculdades de medicina e de administração, no ensino fundamental ou universitário. *Atenção plena* é um conjunto de técnicas, formuladas a partir da tradição budista, que objetivam especificamente a redução do estresse. Nosso mundo tornou-se tão estressante, que os que desenvolveram essas técnicas buscavam, com compaixão, diminuir o estresse excessivo e a ansiedade incapacitante a que ele pode levar. Para conseguir isso, desenvolveram um programa em bases comerciais. Tem sido útil para muitas pessoas e organizações, na medida em que lida com as crises culturais que enfrentamos. As técnicas de *atenção plena* provêm de um sistema espiritual mais abrangente que, a partir da redução do estresse e da concentração mental, conduz as pessoas à meditação no sentido unidirecionado que mencionei acima. Essa é a maneira pela qual uso aqui o termo "meditação". Portanto, para evitar confusão, esclareço que não estou falando de meditação *atenção plena*.

Essas técnicas de desestresse, ou "meios especializados", como se pode chamá-las, foram transpostas para um contexto especificamente terapêutico devido a pesquisas científicas que medem seus efeitos. Não são ensinadas como preparo para a meditação, mas como modo de resolver o problema imediato do estresse. Essa abordagem satisfaz muitas pessoas, pois *atenção plena* baseia-se em evidências e é aprendida com facilidade. Não está relacionada a nenhum sistema de crenças, do mesmo modo que podemos ensinar a própria meditação tal como a apresento aqui. Também é atraente porque funciona de fato, conforme apontam evidências científicas no campo da neurologia e psicologia. *Atenção plena*, com certeza, tem trazido benefícios a muitos. Tem sido, também, algo como um cavalo de Troia. Ampliou a mentalidade de muitas instituições, levou-as a acolher uma dimensão humana, antes vista com suspeição, de cuidados e de preocupação com os que nelas trabalham ou estudam. Em consequência, muitas dessas instituições educacionais ou comerciais perderam o medo de dar o passo seguinte, que é o da própria meditação. No budismo, assim como em outras tradições de sabedoria, o passo seguinte ao treinamento de *atenção plena* é a prática de meditação.

É possível expressar com simplicidade a diferença entre *atenção plena* e meditação: em *atenção plena* a atenção permanece em *você mesmo*. Você fica, por exemplo, observando a respiração, tal como pode fazer sempre durante alguns momentos logo antes do período de meditação. Essa é uma pequena prática de *atenção plena* que ajuda na preparação para a meditação, por tratar-se de um primeiro passo para retirar a atenção dos pensamentos. As técnicas de *atenção plena*, sejam elas mentais ou físicas, estejam na tradição budista, cristã ou iogue, são projetadas de modo a complementar ou, na verdade, preparar a pessoa para o trabalho do silêncio, que é interior e mais profundo, e que se torna mais transformador à medida que passa a fazer parte de sua vida.

Remover a atenção de si mesmo – que é o objetivo da meditação – é mais desafiador que *atenção plena*. Porém, tal como todas as tradições o atestam, abre-nos um caminho de transformações maiores e permanentes. Não se trata apenas de lidar com sintomas, mas de ir à causa raiz. Todas essas tradições de sabedoria têm tipos de práticas de *atenção plena* que ajudam no preparo para a meditação, por meio de relaxamento muscular ou de aquietamento mental, e nos conduzem a uma serenidade maior no momento presente. Mas então, depois de ficarmos mais relaxados e mais presentes, que acontece? *Atenção plena* abre uma porta. A meditação leva-nos a entrar por ela. É o passo lógico seguinte.

Tipos de atenção

No exercício de *atenção plena*, sua atenção permanece sobre você, talvez nas sensações do corpo, tal como em um "escaneamento corporal", ou em quais pensamentos e sentimentos passam pela mente, ou nos sons do entorno. O *centro da atenção*, ainda que esteja procurando desatar os nós da ansiedade ou do estresse, mantém-se na auto-observação. A atenção está, de maneira autoconsciente, focada em você ou no que ocorre com você. Isso pode ser útil, sobretudo se esses nós estiverem muito apertados, mas trata-se de um meio para se alcançar um fim, e não de um fim em si mesmo.

O próximo passo, o da meditação, lhe permitirá ir para um ponto da consciência mais profundo e integrado, onde a autoconsciência, a atenção autorreferente, começa a dissolver-se. A atenção que você pratica na meditação leva-o mais adiante, rumo a uma consciência de maior liberdade e espaço, do que o faz a autoconsciência. Isso pode parecer-lhe um passo grande demais: "Então, onde estarei? Não estou pronto para uma caverna nos Himalaias". Todavia, a experiência é o instrutor, e nela podemos confiar. À medida que você experiencia esse processo, descobre que não é estranho, e sim natural – embora para a maioria das pessoas seja uma experiência nova. É comum descrevê-lo como uma sensação de "retorno ao lar". Não é um estágio de isolamento ou de temor, mas de libertação e empoderamento. Você não precisará ir aos Himalaias, pois já terá encontrado sua fonte de paz e de harmonia pessoal na caverna do próprio coração.

Na meditação, nosso objetivo acaba por ser o de retirar por completo a atenção de nós mesmos. Essa é a jornada humana, e o "bom trabalho" de toda uma vida. Ensinamos meditação a crianças pequenas e a adolescentes, assim como a estudantes de MBA, a executivos, a moradores de rua e a pacientes em recuperação de dependência química. Que presente para as crianças, no ponto de partida de sua jornada de vida! Muitos adultos sentem ter perdido essa capacidade inata e, assim, de início é mais difícil para nós do que é para elas, que adoram meditar. Mas tudo o que precisamos fazer é começar. A meditação em grupo, no trabalho ou em casa, ajuda-nos a manter a prática e a abraçar essa jornada interior como parte do cotidiano. Aprenderemos logo que à medida que ultrapassamos as limitações em que o ego opera, condicionado por medos e desejos, nossa humanidade avança rumo a seu pleno potencial. Passamos a expandir-nos de maneiras e em dimensões que de antemão não teríamos considerado possíveis.

Enquanto a atenção permanece em nós mesmos, em nossos problemas, medos, ansiedades ou fantasias, somos como um foguete espacial ainda na plataforma de lançamento. A ignição dos motores faz um barulho enorme, mas ainda não nos leva a lugar algum. Tão logo vamos tirando a atenção de nós, começamos a decolar em direção ao nosso verdadeiro destino. Simplesmente, passamos a ser o que estamos destinados a ser, por estarmos onde estamos e irmos para onde estamos destinados a ir. Não de maneira abstrata, não pela leitura, mas por viver, no dia a dia, o que quer que a vida nos apresente.

A meditação diz respeito a ser, e não a fazer. Todavia, não é passiva. Ser é pura ação. A experiência de ser permite-nos fazer aquilo para o qual fomos criados. Descobrimos que a vida não é uma existência frustrante, compulsiva e mecanicamente repetitiva, mas uma jornada, uma aventura em que o "deixar para trás" passa a ser uma contínua chegada e exploração. Quando alienada da experiência de ser, toda ação é diminuída e complicada.

O bom trabalho e a boa empresa dependem de certos tipos de repetição – procedimentos e processos. Mas caso eles se tornem meramente mecânicos, a vida se torna estática e o trabalho, enfadonho e improdutivo. O segredo que aprendemos da meditação é fazer com que as repetições sejam fiéis, com resultados bons e benéficos para todos.

Trata-se de ser e fazer aquilo de que somos capazes. É por isso que a meditação é tão radicalmente simples. Disse *simples*, e não fácil. Não é tão fácil parar de pensar acerca de si mesmo. Por isso precisamos de alguma ajuda, um método de pura atenção, uma disciplina prática que nos auxilie a fazê-lo, uma disciplina que se fortalece e aprofunda à medida que a praticamos. Qualquer disciplina escolhida com liberdade faz com que você seja mais livre. E, tão logo você comece a retirar a atenção de si mesmo, os efeitos serão evidentes.

Benefícios e frutos

Primeiro, você verá os benefícios da meditação. São os mesmos benefícios de *atenção plena*: menos estresse físico e mental, melhor saúde cardiovascular, melhor sistema imunológico, melhores padrões de sono, mais autodomínio, menos raiva e menos comportamentos de dependência. Muitos desses benefícios podem ser mensurados, e pesquisas médicas comprovam seu valor de maneira inequívoca. Todavia, se você olhar para esses benefícios mais profundamente, poderá vislumbrar o crescimento dos frutos da meditação. Esses frutos são as experiências humanas mais essenciais, que constituem a real qualidade de vida. São sentidos de forma indubitável, ainda que não seja fácil mensurá-los. Permita-me nomeá-los: amor, alegria, paz, paciência, gentileza, mansidão, bondade, fidelidade e autodomínio.

Atenção plena e meditação. Benefícios e frutos. Essas são distinções úteis de lembrar quando estamos aprendendo a meditar. Elas o ajudarão a entender por que a meditação não é fácil, por mais simples que seja, ou mesmo por ser tão radicalmente simples. Se é tão simples, por que não posso apenas sentar-me aqui e ficar sem pensar em nada, apenas sem fazer nada? Por que não posso tocar música durante a meditação? Por que não posso deitar-me na banheira e apenas relaxar? Meditar e comer pipoca?... É claro que você pode fazer essas coisas relaxantes, mas não as confunda com meditação. A meditação é uma disciplina simples e mansa, mas feita com foco e devotada sinceridade. É trabalho, mas bom trabalho. Talvez seja útil pensar nela como uma recreação elevada. Tenho notado que as crianças que adotam a meditação com surpreendente entusiasmo a veem mais como recreação que como trabalho – boa recreação. As crianças levam a sério sua recreação, assim como muitas pessoas levam a sério o esporte. Nesse sentido, deveríamos levar a sério a meditação.

Aprender a meditar é aprender que fazer uma coisa de cada vez é fazer melhor todas as coisas. À medida que você aprende a praticar a meditação com regularidade, ela passa a permear tudo o que você faz. Torna todas as coisas boas ainda mais prazerosas e as difíceis mais suportáveis.

Ninguém consegue nada na vida profissional a menos que, de antemão, se aplique aos estudos e projetos com disciplina, fidelidade e regularidade. Assim, nunca pense na disciplina como um jugo negativo e restritivo. Jugos têm bom propósito. Conferem direção e nos mantêm em linha reta. Conectam-nos e são mais leves do que tememos. Ao me instruir, John Main me disse que pensasse na disciplina como um meio de ser livre. Do que você se liberta? Você se liberta do ego. O ego, desintegrado e descontrolado, é a fonte-raiz de todo conflito interior, dúvida, alienação, solidão e sofrimento. O egoísmo é uma força poderosa e pode levar a pessoa ao sucesso, até mesmo à Casa Branca, se tiver sorte. Mas também pode ser intimidante, como no caso de um valentão de escola. (Pense na história daquele homem com o servo opressivo.) A experiência demonstra que, por mais que de início nos pareça robusto e resiliente, o ego se dissolve quando confrontado com a realidade.

Em termos de liderança, não há nada mais perigoso que o egoísta, incapaz de distinguir e separar o ego do seu verdadeiro eu. Líderes que não conseguem retirar seu ego da equação para então, verdadeira e empaticamente, dirigirem-se aos demais à sua volta, ou líderes que não conseguem colocar de lado preconcepções acerca de sucesso e reputação para olhar a situação como é na realidade, antes de passá-la pelo filtro dos medos e desejos que são a substância do ego – esses são os que se perdem e acabam conduzindo outros à ruína.

A meditação é um processo de aprendizado em andamento, que se parece com tocar um instrumento musical ou com estar casado. Ao aprender a meditar, aprendemos, pouco a pouco, a retirar a atenção de nós mesmos. É como liberar um imenso volume de memória de um sistema operacional, que se torna então solo fértil para os frutos da meditação que descrevi. Retirar a atenção de nós mesmos libera esse espaço e expande-nos a consciência. Manter a atenção em si mesmo o tempo todo contrai, limita e reduz a percepção da amplidão tão importante para a criatividade e a liberdade. Mudar o foco da consciência de você mesmo para a realidade é a coisa mais simples do mundo. Não é a mais fácil. Todavia, em termos humanos, trata-se sem dúvida da mais necessária e da que mais vale a pena.

3

Meditação e *atenção plena*

Para aprender a meditar, é útil entender o que a meditação é e o que não é, bem como a maneira pela qual ela se relaciona com as formas populares de *atenção plena*, hoje tão amplamente ensinadas.

Onde você coloca a atenção

Ambas as práticas são similares quanto a implicarem um trabalho com a atenção, e os benefícios de cada uma surgem a partir do aumento da atenção na vida diária. Para resumirmos as diferenças entre elas: em *atenção plena* a atenção mantém-se em você mesmo (na própria atividade mental, sensações físicas e assim por diante); na meditação a atenção é retirada de você. Os frutos da meditação estão associados com esse aspecto essencial do "centramento no outro". Primeiro, porém, façamos uma breve contextualização social e histórica.

Algo a mais

A vida moderna não está mais inserida em instituições religiosas. Ela define sua própria moralidade e já não desfruta o simbolismo unificador do passado. (Esse é um aspecto da "modernidade", mas nem todas as sociedades de hoje são modernas assim.) Essa transformação social trouxe muita libertação pessoal da religiosidade superficial e opressiva. Porém, também contribuiu para a crise de significado, de identidade pessoal, e para a ansiedade, que leva um crescente número de pessoas à psicoterapia e, com frequência, à dependência de medicação psicotrópica.

Ainda assim, para muitas pessoas, e num número maior do que podemos imaginar, a meditação é mais que redução de estresse. Ela possui um significado espiritual, senão especificamente religioso. Essa distinção entre o que é espiritual e o que é religioso é outra característica do pensamento e da identidade na modernidade.

Para os budistas, a meditação é uma maneira de "tomar refúgio" no Buda, no *Darma* e na *Sanga*. Para os hindus, é um caminho de iluminação e libertação, e de reconhecimento de que o *Atman* é uno com *Brahman*. Para os cristãos, ela é uma maneira de perceber e conhecer o "Cristo interior". Para outros, é uma maneira de reduzir o estresse, melhorar o desempenho do sistema cardiovascular e do misterioso sistema imunológico, de controlar a raiva, a dependência, a ansiedade e a depressão. Essencialmente, a meditação é experiencial. Você pode meditar sem precisar acreditar em Deus, Jesus, Buda ou mesmo nas maravilhas da neurologia. Talvez você precise de um pouco de fé – fé em você mesmo e esperança para a prática – mas nenhuma crença se faz necessária.

Porém, *magistra experientia* – a experiência ensina. Isso não se refere às *experiências* que você descobre de uma meditação a outra. Trata-se da experiência cumulativa de transformação que se desdobra ao longo do tempo através dos "bons" e "maus" dias de meditação. A experiência, no entanto, busca afinal seu próprio significado.

O abandono das observâncias religiosas deixou um vácuo cultural nesse aspecto da existência humana. Na vida moderna, o apetite por "algo a mais" é uma sensação poderosa. Levou as pessoas a muitos tipos de espiritualidade secular e ao movimento da "Nova Era" – termo muito abrangente, usado para uma variedade de adaptações das tradições de sabedoria, em geral apresentadas em estilo bufê. A Meditação Transcendental (MT) foi lançada com sucesso nos anos 1960 com exclusão quase completa de suas raízes espirituais hindus. Tem no seu núcleo uma simples técnica universal (do mantra). Ao longo dos anos, chegou a ofertar produtos mais complexos, tais como cursos para desenvolvimento de poderes especiais, ou *siddhis*. Não obstante, a MT ajudou muitas pessoas e inspirou pesquisas científicas pioneiras acerca dos efeitos da meditação.

Atenção plena

Em passado mais recente, o programa de redução do estresse baseado em *atenção plena* (MBSR), tal como elaborado por Jon Kabat-Zinn, professor norte-americano de medicina do MIT, inspirou-se em práticas budistas; todavia, ganhou aceitação global por excluir estritamente todas as conexões espirituais e a linguagem religiosa. Esse programa gerou pesquisas, de variado rigor científico, que evidenciaram ainda mais as profundas conexões existentes entre mente e matéria. Tal abordagem baseada em evidências fez com que fosse aceito em empresas e escolas que temiam quaisquer associações religiosas e espirituais ou que, por regulamentação estatutária, estavam obrigadas a excluí-las. *Atenção plena* também produziu muitos subprodutos e, assim como a MT, tornou-se um programa educacional e empresarial popular e rentável. Alguns praticantes budistas o criticaram por ter ignorado o contexto mais abrangente do seu significado dentro do budismo. Por exemplo, *atenção plena* pode ser (e de fato é) ensinada a atiradores de elite das forças armadas norte-americanas para aumentar sua taxa de matança, e a operadores de câmbio para reduzir erros relacionados ao estresse e incrementar seu lucro.

Não obstante, *atenção plena* ajudou muita gente a encontrar um modo de vida mais natural e pacífico, neste mundo que é por demais estressado e cheio de desafios existenciais. Como é que *atenção plena* se descreve e como se relaciona com a meditação em geral e com a meditação aqui descrita em particular?

Seguem algumas das afirmações que os instrutores de *atenção plena* usam em sua literatura:

"Mantém a pessoa focada em pensamentos positivos; melhora seu corpo e sua mente; ajuda-a a prestar atenção em seus próprios pensamentos e sentimentos e no mundo em torno, melhorando assim seu bem-estar."

"Ajuda a pessoa a entender o que está acontecendo a cada momento, dentro e fora de si mesma. Pode fazer isso ao conscientizá-la de suas sensações físicas, tais como a de sentir a própria mão no corrimão enquanto desce escadas ou o sabor de uma maçã."

"Ajuda a pessoa a afastar-se de seus pensamentos de modo a ver seus padrões, a observar pensamentos e sentimentos e nomeá-los. Há nessa consciência geral uma aceitação do que quer que se pense ou sinta, sem juízo de valor."

Essas são todas coisas boas. Muitas pessoas, apenas por meio de uma maior consciência do que se passa dentro e fora delas, sem exercer julgamento, podem aliviar os níveis crônicos de estresse e solidão que sentem nos dias de hoje. Mas e então? Que você faz quando se torna mais plenamente atento?

A Era Axial

Meditação ou práticas de *atenção plena* não são invenções recentes. Suas raízes estão em todas as tradições de sabedoria que se desenvolveram a partir de uma grande revolução na consciência humana emergida quase simultaneamente em diversas culturas no quinto século a.C., a chamada Era Axial. De fato, podemos ver esses sinais da mesma sabedoria em muitas tradições indígenas pré-históricas, tais como a dos povos aborígenes da Austrália. Sobretudo na Índia e na China, a sabedoria da meditação desenvolveu certos sistemas de apoio – como Ioga ou Tai-chi, com determinados rituais e escrituras – que podem ser entendidos como práticas de *atenção plena*. Ao longo do tempo, e assim como ocorre hoje, muitas dessas práticas passaram a ser vistas como um fim em si mesmas. Na origem, esses sistemas de apoio eram vistos como complementares à meditação; serviam-lhe de preparação e sustentação. Por exemplo, nos "Aforismos de Ioga" de autoria de Patanjali (de 400 a.C.), sua primeira sentença é: "O objetivo da Ioga é acalmar os movimentos da mente".

Como *atenção plena* se relaciona com a meditação

Assim, pois, como é que a meditação se relaciona com *atenção plena*? Elas não se opõem uma à outra, mas complementam-se no sentido de que os métodos de *atenção plena* – e há muitos deles – ajudam a preparar a pessoa mental e fisicamente para a meditação. Em outro sentido, também verdadeiro, *atenção plena* – quando entendida como a pessoa estar mais consciente do seu ambiente interno e externo, ser capaz de portar-se com mais calma mesmo sob pressão, e ter maior capacidade de ver e desfrutar a vida – é fruto natural da meditação.

Você pode começar a meditar como este livro sugere. Mas e se, por exemplo, alguém se sentir estressado e ansioso demais para sentar-se quieto e meditar por 20 minutos? Essa pessoa poderia começar com alguma prática simples, tal como observar a própria respiração ou fazer alguns exercícios da Ioga, até que se sinta preparada para mergulhar na quietude e no silêncio da meditação. Todavia, de acordo com o testemunho de muitos meditadores, a prática diária de meditação (e o ideal seria de dois períodos ao dia) torna a pessoa mais consciente, calma, centrada e atenta na vida diária e no trabalho.

É em nossos relacionamentos que sentimos os primeiros benefícios da meditação, porque aumentamos nossa capacidade de atenção às pessoas com quem estamos. Muitos meditadores dirão que o mantra (a palavra cuja fiel repetição torna-se ao longo do tempo mais presente e enraizada) lhes vem à mente quando esperam a chegada do elevador ou estão na fila do supermercado. Outros perceberão que acontece menos de perderem as estribeiras, que conseguem controlar impaciência e palavras ásperas. Esse desenvolvimento pessoal reflete-se, então, em melhor liderança e formação de trabalho de equipe.

Os benefícios pessoais do meditador tocam todas as pessoas do sistema organizacional a que ele pertence. Certa vez, um presidiário me disse que estava enlouquecido por causa dos frequentes alinhamentos e contagens de presos feitos todos os dias. Ele ficava parado e interiormente furioso com aquela perda de tempo e humilhação, até que um dia se deu conta de que poderia continuar desse jeito até adoecer com aquela raiva ou poderia repetir o mantra durante os alinhamentos. Uma mulher que passara por um acidente automobilístico quase fatal, tendo ficado pendurada de cabeça para baixo por 40 minutos à beira de um precipício segura pela mão de um policial pela janela enquanto esperavam a chegada do resgate, logo se viu repetindo o mantra em estado de profunda paz e confiança.

Assim, a questão não é que meditação e *atenção plena* estejam em oposição, mas que são coisas distintas. A diferença está presente na estrutura de cada prática. Em *atenção plena* a atenção permanece em você mesmo ou no que você está sentindo. Isso pode ser seus pensamentos, emoções ou sensações físicas, pode ser a consciência que você tem do seu interior ou exterior, mas será sempre uma consciência de você mesmo ou daquilo que o está afetando. É claro que pode trazer benefícios para quem é cronicamente inquieto ou distraído. Mas e aí? Na meditação, você tira a atenção de si próprio. Isso quer dizer que a atenção é tirada dos seus pensamentos, sentimentos, planos, fantasias e sensações físicas. Você não os reprime, nem luta contra eles. O meditador simplesmente, e não facilmente, retira a atenção deles. Na meditação, a pessoa abandona todos os pensamentos, inclusive aqueles acerca dela própria. Todos os pensamentos, em última análise, são autorreferentes e acabam por trazê-la de volta a si mesma. A repetição do mantra é o meio de dar um passo para fora desse circuito de autoconsciência.

Não é de surpreender que *atenção plena* nos pareça mais fácil que meditação. A retirada da atenção de nós mesmos, tal como fazemos na meditação, é a mais desafiadora e também a mais recompensadora de todas as atividades humanas. Todos os relacionamentos humanos ensinam-nos isso, porque nos presenteiam com a oportunidade de tornarmo-nos centrados no outro. A meditação ajuda-nos a chegar à atura desse desafio, dia após dia, no trabalho ou no lar, pela razão precisa de que treinamos a mente a fazê-lo durante os períodos em que repetimos o mantra. Assim, mesmo sem buscar, descobrimos os frutos da meditação na vida cotidiana. Estamos mais conscientes e despertos, mais atentos, mais presentes e atenciosos e, acima de tudo, mais centrados no outro. Ainda que a retirada da atenção de nós mesmos seja um hábito bem difícil de aprender, é de todos o mais humanizador. De fato, guarda o segredo indescritível da verdadeira felicidade. E prestar atenção ao outro está na verdadeira essência do amor. Dificilmente poderíamos encontrar melhor uso do tempo do que empregá-lo em uma prática que, embora à primeira vista pareça mais desafiadora, nos conduz a frutos e benefícios mais profundos e duradouros.

Preparo para a meditação

Em nossa abordagem de meditação não são necessárias técnicas formais de *atenção plena* prévias. No entanto, muitos meditadores desenvolverão suas próprias pequenas rotinas pessoais preparatórias para cada sessão. Elas podem incluir Ioga ou algum outro tipo de preparação psicofísica, observação da respiração, simples alongamento ou audição de música. Há, porém, quem prefira usar seu pouco tempo disponível na meditação em vez de gastá-lo em uma preparação prolongada.

Certa vez, perguntaram a John Main: "Qual a melhor maneira de nos prepararmos para a meditação?". Naquela ocasião, ele respondeu: "Com pequenos gestos de gentileza". Afinal, é impossível ser gentil sem estar atento.

4

Silêncio é bom trabalho: Como fazê-lo

A atenção é a essência da meditação. Agora chegamos ao "como". O como é silêncio – acima de tudo, silêncio da mente.

O bom trabalho do silêncio.

Meditação é obra do silêncio. Em nosso mundo ruidoso e distraído, é fácil esquecermos como o silêncio pode ser poderoso, esclarecedor e curativo. Só para ter um breve gosto dele, faça agora um momento de silêncio. Até mesmo um instante de apenas um ou dois minutos de silêncio a sós ou em grupo – por exemplo, antes de uma reunião ou após um encontro enraivecido – tem enorme efeito.

Tome agora para si um minuto de silêncio. Feche os olhos. Você pode temporizar o minuto com o celular ou com o aplicativo WCCM App2[3], que tem um sino e um temporizador. Continue ouvindo o som até que desapareça gradual e totalmente e, então, ouça o silêncio que o segue. Apenas um minuto.

3. http://tiny.cc/WCCMApp2

Nesse curto silêncio você pode ter descoberto que sua atenção estava no ruído externo. Ou pode ter tomado consciência do volume do ruído *interno*. Não me refiro a rumores estomacais, mas à mente. Duvido que você tenha permanecido sem pensamentos por mais de um segundo. Algumas vezes ocorre de a pessoa cair de imediato em um silêncio profundo, claro e revigorante, algo que nunca havia sentido antes – mas isso é raro. Você pode se perguntar se há alguém capaz de ficar totalmente livre de pensamentos. À medida que for aprendendo, ficará surpreso com o que a meditação lhe mostrará acerca do pensamento. É provável que você tenha ficado distraído, assim como todas as pessoas que alguma vez tentaram ficar em silêncio, ou seja, não apenas livres de ruídos, mas livres de pensamentos. Sua mente não estava pulando de galho em galho tal como um macaco irrequieto, do sublime ao ridículo, da comida ao sexo, do trabalho à solução dos problemas, e sonhando acordada? Todos começamos a aprender a meditar a partir dessa condição humana. É com esse estado de distração que agora lidaremos de maneira prática.

A meditação fortalece o músculo da atenção. De todas as capacidades humanas, a habilidade de prestar atenção, de concentrar, de estar presente – diferentes maneiras de dizer "a habilidade de estar em silêncio" – é a mais essencial no campo pessoal, no profissional e no social. Sem atenção, perde-se a capacidade para relacionamentos verdadeiros. Por essa razão, a prática da meditação é genuinamente transformadora. Não se trata apenas de uma técnica externa que procuramos dominar, ainda que de início possa parecer. Com o tempo, passará a integrar a vida como um todo e não deixará de beneficiar nenhum de seus aspectos.

A postura e o corpo

A meditação começa com o corpo. A postura certa é importante no aprendizado da meditação porque o corpo precisa estar em sintonia com a mente e com o trabalho do silêncio que você faz. Passemos à observação da postura corporal para a meditação.

É provável que você esteja lendo isto sentado numa cadeira. A postura sentada é natural para a meditação. É intermediária entre a postura de pé e a deitada: assim, nem estamos tensos demais, nem relaxados demais. Você tanto pode meditar sentado com a coluna ereta numa cadeira, quanto numa almofada com as pernas cruzadas, ou ainda num banquinho de meditação com os joelhos dobrados. Todas elas são boas posições. Você não precisa parecer-se com o Buda. Adote uma posição confortável, que o ajude a permanecer com a coluna ereta. A regra básica é manter as costas retas. Se você estiver numa cadeira, mantenha os pés no chão; se em banquinho de meditação, faça o mesmo com os joelhos.

Sentado em cadeira, você sente o peso da parte superior do corpo sustentado pelos ísquios, e o da parte inferior pelas plantas dos pés. Sentado em almofada, você sentirá o peso do corpo de modo diferente. Mas, qualquer que seja sua posição, sinta-se estável. Sinta o peso do seu próprio corpo firmado pela ação da gravidade. Sinta-o. Então, sente-se com a coluna ereta, embora sem rigidez, pois a espinha dorsal tem uma curvatura natural. Mantenha as costas retas para evitar sonolência. As costas não deveriam ficar largadas com desleixo no encosto da cadeira. Use a cadeira para dar sustentação à postura ereta, mesmo que você não repouse as costas no espaldar.

O corpo é amigo da meditação. O corpo nunca mente, e está sempre no presente. A mente, por outro lado, é bem raro que permaneça no presente, e algumas vezes fica difícil dizer o que estamos de fato pensando ou sentindo. São viagens no tempo para o passado, para o futuro, ou em dimensões de fantasia. Para meditar, deixe o corpo ancorar a mente no presente.

Imagine uma linha fluida, que vai do topo da cabeça à base da espinha dorsal, e alinhe-se com esse eixo vertical. Repouse as mãos no colo ou nos joelhos, de modo que o corpo, de acordo com a geometria que lhe for própria, se sinta harmonioso e bem posicionado. Não há nada de esotérico ou mágico quanto à meditação, e dedicar-se alguns momentos para cuidar da postura toda vez que você for meditar ajudará a trazê-lo de volta à terra, com os pés no chão. Devemos evitar qualquer sensação de dor física desnecessária, que só se tornaria uma distração a mais. Assim, se você sofre de dor nas costas ou tem outro desconforto de caráter mais crônico, faça os necessários ajustes nestas instruções a fim de minimizar isso. Quem tem dores extremas nas costas pode achar mais fácil, por exemplo, deitar-se de costas no piso com uma pequena almofada de apoio sob a cabeça. Esteja confortável e alerta, de forma a permanecer desperto. O Buda era chamado de "o desperto", e Jesus disse "vigiai". O relaxamento que a meditação traz consigo é um bônus, um efeito colateral, mas será da melhor qualidade se vier do estado de alerta.

Vigiai

A meditação é o estado de atenção alerta. John Main a comparava à atenção que um relojoeiro ou um artista dá a seu trabalho. Como um atleta de salto ornamental ao se equilibrar na borda do trampolim. Estar atento significa estar desperto. Jesus disse aos discípulos: "Vigiai". O Buda disse que ninguém se torna iluminado enquanto dorme. Uma das primeiras lições em matéria de autoconhecimento que a meditação lhe dará – e haverá muitas outras – é a de que gastamos grande parte da vida consciente meio adormecidos, apenas vagamente cientes do que está ocorrendo na verdade. O estado de estresse, compulsão, ansiedade ou raiva pode fazer com que nos sintamos muito energizados. As pessoas podem tornar-se dependentes da descarga negativa que esses estados mentais são capazes de promover. Mas, de fato, esses são estados mentais de nível de consciência muito baixo e alcance limitado. A meditação nos ajuda a lidar com isso.

Postura e respiração ajudam a pessoa a manter-se alerta. Respire normalmente. Durante a sessão de meditação, não pratique nenhuma técnica de foco na respiração, pois isso dividiria sua atenção. Concentre-se por inteiro no mantra. Existem outros métodos de meditação que focam a respiração, mas este que recomendo toma por foco uma palavra ou um mantra. Não coloca a atenção do praticante na respiração, mas na repetição da mesma palavra, de maneira contínua, silenciosa, suave e clara. Porém, depois de você se estabilizar em uma boa postura, um exercício útil no preparo para o mantra pode ser prestar atenção na respiração por alguns momentos. Respiramos cerca de 20 mil vezes ao dia, e a respiração está relacionada de modo direto ao nosso estado mental e emocional. Simplesmente volte a atenção à inspiração e à expiração de quatro ou cinco ciclos respiratórios. Isso ajuda a acalmar a mente e a relaxar o corpo, à medida que ele se prepara para o trabalho da meditação, que é a repetição da palavra. E é essa repetição do mantra que o ajuda a retirar a atenção dos pensamentos e (que alívio!) de você mesmo.

Sentado em postura relaxada e alerta, com os ombros relaxados, por um momento consciente da linha que parte do topo da cabeça e vai até a base da espinha dorsal, sinta-se estável, confortável e alerta, e feche os olhos com suavidade. Quietude. Faça esse exercício agora, por mais um ou dois minutos de silêncio. De novo, você pode temporizar o período com seu celular ou com o aplicativo de meditação.

Quietude

Quão imóvel você se manteve enquanto sentado?

Meu instrutor costumava dizer que o primeiro passo para ir além do desejo é aprender a sentar-se imóvel. Isso significa que se você sentir necessidade de se mexer, coçar o nariz ou esfregar o joelho, tentará não fazer isso. Essa pode ser uma nova ideia de autocontrole; tente isso, e verá que é uma experiência muito libertadora a de sentir que não está tão sob o controle de desejos e ânsias imediatos. Não deveríamos subestimar o benefício da disciplina da imobilidade física. É uma ponte para aquela imobilidade da mente – da pessoa integralmente consciente – em que sucede a transformação gradual e natural ao longo do tempo, e nos leva a um estado sustentado de maior clareza, paz mais profunda e alegria mais plena. Isso ocorre não porque você tenha adquirido ou conquistado algo à parte da consciência vinda direto do centro, da fonte, do próprio *ser*. Ser não é algo a se conquistar; trata-se de simplesmente tomar consciência. Como já tive oportunidade de dizer, a meditação é simples, tão simples quanto ser. A reconexão com esse estado de ser transforma tudo o que você pensa e faz em possibilidades tão benéficas, que nem podem ser descritas. A meditação nos reinicializa. Sempre que algo não funciona direito, a primeira coisa a fazer é reinicializá-lo.

Deixar de lado os pensamentos

Até agora você já tentou sentar-se silencioso e imóvel. Esses poucos momentos foram de preparação. Ainda não chegamos ao verdadeiro trabalho da meditação. Esse é o trabalho de atenção. Meditação é atenção pura. Já foi chamada de a arte das artes, por ser a mais fundamental das capacidades humanas. Não se trata de prestar atenção aos pensamentos (mesmo os mais brilhantes), tristezas, esperanças, sonhos, fantasias ou problemas. É atenção pura. Para chegar a isso, você simplesmente precisa retirar a atenção de tudo o que costuma ocupá-la: pensamentos, sentimentos transitórios, palavras e imagens. Você desenvolverá essa capacidade para a atenção pura nos períodos diários de meditação; e então, quando precisar concentrar-se numa decisão, num problema ou em algo prazeroso, você o fará com claridade de foco ampliada e equilíbrio emocional – com sincero devotamento. Aproximamo-nos dessa atenção pura ao retirar a atenção dos pensamentos. Porém, para isso, precisamos antes concentrá-la em uma coisa só: a palavra da nossa meditação, o nosso mantra.

Pode parecer fácil, talvez, mas como fazer isso? Como deixar de lado os pensamentos? Eles são como o rio Amazonas, uma corrente crescente de consciência que flui sem cessar. Você pode estar pensando no passado, no futuro, imaginando um cenário, planejando, analisando, remoendo antigas ansiedades, resolvendo problemas, entregando-se a fantasias, buscando saídas. Tudo isso são pensamentos, em geral erráticos e confusos. Num momento, estamos pensando em trivialidades: "deveria ter comprado tal coisa ontem no supermercado", "tenho dois compromissos para o almoço de amanhã; que deveria fazer a respeito?" No momento seguinte, como uma libélula que num rio procura outro inseto, estamos lidando com as Grandes Questões: "Deveria pedir demissão do emprego? Deveria dizer à minha esposa que precisamos de uma terapia de casal? Deveria ser eu a dar o primeiro passo?" Não raro, são as emoções que dirigem os pensamentos: problemas de família, relacionamentos de trabalho, problemas técnicos ou a interminável busca de prazer e de anulação da dor.

Nesse nível, a mente é uma torrente de pensamentos. Mesmo quando em letargia, a torrente está ali, embora armazenada. Uso a palavra "pensamento" para abarcar toda a atividade mental e emocional que sem parar transborda de todos os níveis de consciência, inclusive da consciência profunda. Não estou dizendo que esses pensamentos não sejam importantes. Ao contrário, precisamos lidar com a atividade desse nível de consciência da melhor maneira possível. Porém, não é o nível mais elevado da consciência. A meditação parte de onde você se encontra no momento em que se senta para repetir o mantra, mas seu objetivo último é a fronteira final. Ela nos ensina que somos mais do que pensamos ser e mais do que aquilo que pensamos. Se você deseja lidar de maneira mais eficaz com essa confusão de pensamentos e escolher as melhores respostas, então a meditação é para você. Vai capacitá-lo a acessar um nível mais profundo de consciência para manejar as demandas e oportunidades da vida de maneira mais sábia e graciosa.

Assim (obrigado por sua paciência), como lidar com esse rio amazônico de pensamentos? Repetimos nossa palavra. Não construímos barragem. Não obstruímos os pensamentos. Não forçamos nada. Na meditação, não lutamos contra distrações. Em nós já há bastante conflito e divisão, não precisamos acrescentar novos. Na meditação, como em toda boa resolução de conflitos, o foco não está no ganho ou na perda, no sucesso ou no fracasso, mas na verdade e na resolução. Parece-lhe idealismo? Trata-se de uma rota menos frequentada, mas nela há um caminho. Precisamos de um caminho prático, uma trilha batida, para deixar de lado esses pensamentos; do contrário, seremos sempre arrastados num turbulento fluxo superficial de consciência, sem jamais ir além dele. Meditação não é o que você pensa.

O caminho do mantra

Esse caminho – muito simples e eficaz – é o caminho do mantra. Vou me concentrar nesse específico método de meditação, mas não estou dizendo que seja o único. É simplesmente o que conheço e que, posso dizer com certeza, ajudou inúmeras pessoas ao redor do mundo e ao longo dos séculos. É claro que há outros caminhos, mas todas as práticas sérias têm em comum a mesma ideia básica da atenção e da perseverança. Aqui nos concentraremos apenas nessa simples disciplina porque, tal como afirmou um mestre Zen, se você quiser mesmo encontrar a fonte e fazer com que brote água fresca, será melhor cavar um poço de seis metros de profundidade do que seis poços de um metro. Se você gastar energia raspando a superfície, trocando métodos amiúde, cavando numerosos buraquinhos, poderá morrer de sede. Este não é o único caminho para o objetivo que a humanidade inteira busca – iluminação, paz, amor – mas sem dúvida é um caminho autêntico e prático. É um caminho universal, encontrado em todas as grandes tradições de sabedoria, tão antigo que sua origem se perde nas areias do tempo.

Trata-se do caminho do mantra, da repetição de uma só palavra. Depois de sentar-se em boa postura e de ter tomado um momento para fazer-se de fato presente, você começa a repetir uma palavra apenas, interiormente, silenciosamente, uma única palavra. Mantenha a mesma palavra ao longo de toda a sessão de meditação e em todas as sessões de meditação. O trabalho de silêncio e atenção que você está iniciando é de uma simplicidade radical e é autolegitimado. Pode confiar nele. Se tiver dificuldade em confiar, você pode achar difícil de aceitá-lo no começo. Em primeiro lugar, confie na sabedoria da tradição e, depois, na validade da sua própria experiência. A confiança cresce pelo simples e fiel ato de retorno à palavra, ao longo da meditação. Assim que você se perceber distraído, abandone o pensamento e volte ao caminho, ao mantra.

Simples, mas não fácil. Você logo perceberá que a corrente de pensamentos, as ondas na superfície da mente, é poderosa ao extremo. A atração que o pensamento exerce é persuasiva, por vezes sedutora e não raro obsessiva. Assim, esteja preparado: você repetirá a palavra em meio a pensamentos acerca de problemas, reavaliações de ansiedades familiares, fantasias gratificantes, planejamento de soluções e análises de alternativas. Quando você começa a meditar, a primeira coisa de que se dará conta é a instabilidade da mente. É um primeiro passo necessário e o início do autoconhecimento – o primeiro fruto da sua meditação.

Mantenha-a simples

Como sempre, há uma escolha. Você pode escolher desistir ao primeiro obstáculo quando, ao desmascarar sua mente distraída, disser para si: "Minha mente é ativa demais para meditar". Por trás disso pode haver um senso de fracasso. Ou, poderá dizer: "Então, assim é que são as coisas aí dentro. Ao menos sei o que está se passando, e ao menos tenho como transpor isso". O estado de distração nada tem a ver com inteligência ou caráter. As pessoas mais inteligentes, as que têm melhor caráter, são distraídas e descobrem ser difícil ter foco e ficar imóveis.

Participei, certa vez, de uma conferência com cientistas e líderes empresariais. Um daqueles cientistas menosprezava a meditação, e fora isso gostei muito de suas ideias. Numa sessão de meditação sentou-se à minha frente e passou o tempo todo a folhear de modo ruidoso as páginas de um livro. Na discussão que se seguiu, revelou o motivo: "Vocês todos dizem querer descobrir o que há em seu interior. Bem, eu não; na verdade, não quero saber o que se passa dentro de mim". Gostei muito dele por ter dito isso, pois foi muito honesto, ainda que um pouco triste. Se você não tiver curiosidade acerca do mundo interior, sua exploração do mundo exterior pode estar comprometida. Caso se depare com esse tipo de bloqueio mental ao começar a meditar, a melhor maneira de lidar com ele é o humor. Se ainda não consegue rir de si mesmo – o que reduz à humildade a importância que nos damos – a meditação logo o ensinará a fazê-lo.

Assim, esse trabalho *radicalmente* simples de repetir o mantra logo nos mostra que não é fácil ser simples, quando nos aproximamos da simplicidade a partir de estados mentais muito complexos. Quando você percebe ter perdido a atenção ao mantra e estar à deriva na correnteza do rio atrás de um novo ou velho pensamento, é a isso que chamamos distração. Quando você escorrega para o estado de distração, isso significa que foi colhido por um desses turbilhões de pensamento e imaginação. A mente é uma fábrica maravilhosa de pensamentos e imagens, e você será carregado amiúde para um redemoinho de distração, em que muitas correntes de pensamento o puxam ao mesmo tempo. Isso varia de um dia para outro, e mesmo durante uma sessão de meditação. Você pode começar bem distraído, e ao final da sessão perceber estar com muito mais clareza e calma. Bem semelhante ao clima da Irlanda: previsivelmente imprevisível.

Via rápida

A qualidade da atenção de cada sessão de meditação varia. Dependerá de circunstâncias internas e externas. Como elas mudam sempre, nenhuma meditação é igual. Isso é surpreendente, mas também instrutivo. Como um processo tão simples e repetitivo pode ser tão diferente cada vez? Que você faz quando descobre que sua atenção divergiu para uma dessas correntes de pensamento – boa, má ou indiferente? Sem negociação ou transigência, apenas abandone o pensamento. Não tente resolvê-lo.

Abandone-o inacabado, incompleto, e volte à trilha do mantra, da palavra, o ponto focal único.

Essa é a via rápida para a humildade (que equivale a conhecimento de si mesmo). Assim, cuidado: o autoconhecimento muda a pessoa. Humildade é sabedoria. Assim, com a mesma frequência com que você percebe ter se distraído, retorne com humildade à repetição da palavra. Tal como já o afirmei:

1. É importante manter a mesma palavra ao longo de toda a meditação e dia após dia;
2. Repita o mantra sem cessar tanto em dias bons, quanto em maus;
3. Medite todos os dias.

Essa é a disciplina. O retorno à palavra é uma disciplina. A meditação diária é uma disciplina. Ninguém o obriga, por isso é uma disciplina que você aceita de livre e espontânea vontade, e para a qual retorna com humildade toda vez que dela se afastar. Você ficará surpreso com a liberdade interior que isso lhe acarretará. Repita a palavra de modo suave, mas fiel. Não desista. Porém, se desistir, comece de novo.

A escolha do mantra

A escolha da palavra é importante precisamente porque você vai manter esse mesmo mantra por um bom tempo, em seu futuro próximo. O ideal é que use uma palavra que não seja de sua própria língua, pois desse modo não terá registros familiares, e você não ficará pensando acerca de significado dela. Se você adotasse a palavra "paz", por exemplo, logo estaria pensando no que poderia fazer-lhe sentir paz. Lembre-se: meditação não é o que você pensa.

Recomendo a palavra *maranatha*, que deve ser repetida em quatro sílabas em igual intensidade:

MA-RA-NA-THA

O som aberto e as quatro sílabas ajudam-nos a repeti-la em ritmo regular e a acalmar a mente. Meu conselho é o de que você não visualize a palavra ao repeti-la, mas que a verbalize e ouça. Repita-a interiormente, com calma, suavidade, fidelidade, sem movimentar os lábios e a língua. Trata-se de uma palavra do aramaico, cujo significado literal é "vinde senhor". Sua sonoridade assemelha-se à de muitos mantras usados em outras tradições.

Você não precisa preocupar-se com o significado da palavra, pois não ficará pensando acerca dela. Você se compromete a ouvir a palavra à medida que a repete, em vez de pensar sobre seu(s) significado(s). Se, por qualquer motivo, você preferir outra palavra, aconselho-o a verificar se passa nestes testes:

1. Não seja de sua língua;
2. Tenha sonoridade calmante;
3. Tenha um tamanho rítmico.

E, o mais importante, fique com a mesma palavra.

Assim, vamos tentar. Já experimentamos um ou dois minutos de silêncio sem foco. Uma vez que temos o mantra para repetir e que sabemos como retornar a ele, podemos iniciar a marcha e meditar por mais tempo. Se essa for sua primeira vez, tente por cerca de dez minutos. Lembre-se da postura. Confira a situação geral do corpo. Se estiver sentado em cadeira, com as plantas dos pés no chão, coloque a base da coluna na parte de trás do assento de modo que as costas fiquem eretas; relaxe os ombros, relaxe os músculos do rosto; feche os olhos levemente. Permita que flua a dádiva que é a respiração. Por alguns momentos, concentre a atenção na respiração. Isso ajuda a trazer a mente e o corpo de volta ao aqui e agora. Permita que a respiração ajude o corpo a ancorar a mente; e então, introduza o mantra com suavidade. Verbalize-o:

MA-RA-NA-THA

Ouça a palavra à medida que a repete. Dê a ela atenção integral. Quando você se distrair, abandone o pensamento e retorne à palavra. Repita-a com delicadeza, sem forçar; repita-a de maneira fiel, atenta e simples.

No próximo capítulo, observaremos o que você poderá ter descoberto e, também, recapitularemos como meditar.

5

Recapitulação da prática da meditação

O que você achou da primeira experiência de meditação enquanto repetia o mantra? De 1 a 10, com que nota você a avaliaria?

Não julgue sua meditação

Na verdade, essa é uma pergunta capciosa. Para avaliar qualquer coisa, precisamos aplicar determinados critérios, e onde poderíamos encontrar critérios métricos para algo como a meditação? Meu conselho é: não avalie sua experiência. Deixe que ela o avalie. Perceba – e é provável que fique surpreso – como você está mudando ou como pessoas próximas notam essas mudanças antes de você dar-se conta delas.

Para sustentar por tempo suficiente essa abordagem isenta de avaliação de modo que os frutos da prática se manifestem por si mesmos, retorne à meditação dia após dia e ao mantra durante cada sessão. Leva algum tempo para que a ficha caia. Alguém que já meditava por cerca de dois anos disse-me como, de repente, percebeu a necessidade de continuar repetindo o mantra mesmo após sentir-se em paz e calmo. Essa pessoa já tinha ouvido isso várias vezes, mas a experiência, a mestra, acabou por ajudá-la a enxergar. Por isso, é útil ouvir as instruções essenciais de novo. Sob o risco de parecer repetitivo – mas por essa boa razão – reiteremos o ensinamento básico sobre a maneira de meditar. Deixemos que o *como* sobrepuje o *porquê*.

Afirmações óbvias

Para meditar, sentamo-nos. Por que nos sentamos? Por ser a posição intermediária entre deitar-se e ficar em pé. Quando em pé, você está prestes a fazer uma apresentação ou a deixar o aposento. Você está fazendo algo, talvez se afirmando. Quando deitado, você está em repouso até a ponto de adormecer; em todo caso, quando deitado com qualquer outro propósito, provavelmente não será para trabalhar. Assim, a postura sentada é uma postura equilibrada, intermediária, que ajuda a recalibrar o equilíbrio ser-fazer, do qual depende a vida.

A primeira regra – quer você esteja com as pernas cruzadas numa almofada, de joelhos num banquinho de meditação ou sentado numa cadeira – é manter as costas eretas como parte da postura. A razão é óbvia. Lembra-se do tempo de escola, quando você e outros alunos na classe sentavam-se desleixados nas cadeiras, entediados, "sem interesse"? Aí, o professor entrava e dizia: "Sente-se direito!" E você o obedecia, talvez relutante, mas não se sentia melhor ao fazê-lo? Não se sentia mais acordado, vivaz, sua mente não ficava mais receptiva e presente? Assim, sente-se com as costas eretas, imaginando uma reta que conecta o topo da cabeça com a base da espinha dorsal, ao longo da qual trafega a sua plenitude. Você não precisa sentar-se rígido, nem fazer esforço demais. Algumas pessoas dificultam o progresso na meditação por ficarem tensas ao tentar com muito esforço relaxar. O objetivo deve ser relaxar e estar alerta ao mesmo tempo. A espinha tem curvaturas naturais, portanto você não precisa ficar como um soldado em posição de sentido.

Assim, mantenha as costas eretas, os ombros relaxados, os pés no chão, as mãos no colo ou nos joelhos. Como você se sente? Calmo, alerta, com digna humildade. O corpo é belo e digno, mesmo que não seja perfeito. Meditamos com o corpo e no corpo, assim como um músico toca com um instrumento. Somos seres corporificados; tudo o que fazemos, fazemos de maneira corporificada. A meditação traz uma nova harmonia à parceria mente-corpo, e é isso o que nos desestressa. A postura é importante. A imobilidade também.

Quietude

A imobilidade física durante a meditação deixa transparecer mais do que você possa imaginar. Ajuda a aquietar a mente. A imobilidade física é parte da disciplina unificadora da meditação. É claro que aquietar o corpo é mais fácil que aquietar a mente. Nossa mente está por demais estimulada, saturada de mensagens, textos e imagens, e lida com cobranças e exigências intensas. Assim como um automóvel em alta velocidade leva um tempo para desacelerar depois de apertarmos os freios, também leva um tempo para que a mente desacelere e se aquiete. A mente não é um computador, embora hoje pensemos em nós mesmos como pessoas cibernéticas. Temos sentimentos e ritmos naturais que não podemos acelerar só por pensar neles. Tampouco podemos separar a mente do corpo, apesar de sentirmos amiúde que estamos sediados nos níveis de consciência intelectuais ou imaginativos. Você não pode simplesmente puxar a tomada do pensamento ou desligar a imaginação. Leva tempo até que a mente se estabilize e, quando se estabiliza, fica claro que ela desfruta de uma parceria indissolúvel com o corpo. Esse é o objetivo imediato da meditação: chegar ao momento presente por permitir que corpo e mente se harmonizem. Quando você se perguntar a razão de fazer isso, responda: "para ser", ou seja, "para estar aqui e agora".

Respiração e olhos

Como é a respiração durante a meditação? O mais importante é respirar e continuar respirando, mas não há nenhuma técnica especial a recomendar. Aconselho-o a adotar a repetição do mantra mais como disciplina do que como técnica. Na técnica, mantemo-nos no controle e monitoramos os resultados. Na disciplina, isentamo-nos do controle e, em vez disso, permanecemos fiéis; com isso descobrimos significados e frutos mais profundos que os revelados por meras técnicas. Respire naturalmente. Muitas pessoas descobrem que repetem o mantra no ritmo da respiração, mas algumas o fazem naturalmente no do batimento cardíaco.

Não enfatizo nenhuma técnica em especial para a repetição da palavra; você descobrirá a sua própria maneira de fazê-lo. Mas pode, por exemplo, dizer a palavra inteira à medida que inspira e expirar em silêncio. Se isso não lhe for confortável, pode dizer as duas primeiras sílabas (MA-RA) ao inspirar e as duas últimas (NA-THA) ao expirar. E se você considera a respiração como uma roda que gira sem cessar e o mantém vivo, repouse o mantra com suavidade nessa roda doadora-de-vida. Não amarre o mantra à respiração, pois durante a meditação ela vai ficando mais lenta. Com o tempo, o mantra encontra seu próprio ritmo.

O propósito de repetir o mantra é o de nos tornarmos unidirecionados, com um objetivo único. Portanto, não divida a atenção entre a respiração e o mantra. Em vez disso, concentre a atenção inteira e indivisa no mantra e ouça-o à medida que o repete. Repita a palavra silenciosamente, interiormente, sem mover os lábios ou a língua. Não o visualize, pois isso estimulará outros tipos de atividade imaginativa. Apenas verbalize-o e ouça-o.

Esse estágio é como aprender a andar de bicicleta. No início, você bamboleia e cai muito. Mas sem perceber pega o jeito, e o equilíbrio vem de modo natural. Ou é como uma criança que tenta amarrar os sapatos. No meu caso, demorei para aprender isso; esforçava-me com desespero, até que um dia consegui, para minha surpresa e satisfação. Quando menino, por muito tempo pensei que jamais seria capaz de amarrar os sapatos, mas aprendi e até hoje é raro que me esqueça.

Feche os olhos de leve, quer dizer, sem apertá-los com força. Algumas crianças apertam os olhos no começo, ao se esforçarem demais. Mas leve significa leve. Certa vez, um encarcerado me disse que não conseguia fechar os olhos sem grande ansiedade. Algumas crianças que têm problemas emocionais sentem o mesmo. Se você achar difícil fechar os olhos, pode manter as pálpebras ligeiramente abertas, sem focalizar nenhum objeto externo à frente. Depois de algum tempo de prática com os olhos fechados, você pode descobrir que durante a meditação eles se abrem um pouco, por si mesmos. Porém, para começar, eu recomendaria fechá-los de leve.

Ao trabalho

Então, sentado quieto, com os olhos fechados de leve, você está pronto para o trabalho. O trabalho é o de repetir o mantra, recitar a palavra. De início ela poderá parecer um pouco estranha, mas logo se tornará o seu mantra, a sua palavra. Você ficará à vontade com ela, e ela com você. Será uma companheira maravilhosa e o ensinará a ser amigo de si mesmo em todas as ocasiões.

O mantra o orientará da mente ao coração. Esse é um jeito de descrever o processo de integração que, de modo muito natural, incorpora a cura daquela sensação insidiosa de nos sentirmos divididos de nós mesmos, vivendo em identidades separadas e em compartimentos. O mantra o conduzirá nesse processo de integração que beneficiará todos os aspectos da vida. Então, você terá uma sensação de muito maior liberdade e criatividade. A repetição contínua da palavra durante o período de meditação – querer fazer isso – é a maneira de desapegarmo-nos dos pensamentos. Eles nos mantêm na cabeça, estranhos ao nosso centro verdadeiro, o eu real a que os mestres de sabedoria chamam de coração.

Deixar de lado os pensamentos, até mesmo os bons pensamentos, é o objetivo imediato e uma forma prática de definir meditação.

Quanto tempo isso leva? Pode demorar vinte anos, mas serão bem empregados e trarão muitos dividendos no seu decorrer. Pode demorar vinte minutos, caso em que você nem precisará terminar de ler este livro e poderá dá-lo a um amigo. De fato, é um pouco absurdo pensar sobre quanto tempo a meditação vai demorar. O que importa não é quanto tempo "ela" vai levar para completar-se. Algum dia poderemos medir o universo? Quão longa é a vida? O que importa é quanto tempo leva para iniciarmos a jornada – a prática diária – e quão rápido retornamos a ela após dela desistirmos, pois de quando em quando é provável que o façamos.

Circunvoluções mentais

Permita-me a repetição: "a meditação não é o que você pensa". Para nós, esse é um grande desafio, em nosso mundo de fluxo de informações constante e de exigência de respostas rápidas. Porém, a meditação trata de deixar de lado os pensamentos. Isso faz com ela seja um desafio ao nosso condicionamento cultural, mas também é o que faz com que nos ajude a estar de maneira mais sã nesse insano, ainda que maravilhoso, mundo em que devemos viver. É claro que durante a meditação os pensamentos fluem como o tráfego intenso de uma rodovia de várias pistas, algumas vezes congestionado, algumas vezes veloz. Todos temos certo número de pensamentos obsessivos, tais como as rotas que seguimos todos os dias em "piloto automático". Esses pensamentos podem fazer parte de uma sequência, e passam de um para outro numa circunvolução improdutiva, como uma roda que gira no ar sem tocar a sólida estrada da realidade.

Repetimos esses pensamentos sem parar, em circunvoluções, sem resolver os problemas que eles expõem. Tal como ocorre com aqueles problemas no trabalho, que ninguém quer admitir e pelos quais ninguém quer se responsabilizar; continuamos a repeti-los e a adiá-los para a pauta da reunião seguinte. Você pode fazer isso por 30 anos, ou até que a realidade por tanto tempo evitada se torne inevitável. Primeiro, a meditação ajuda a afrouxar e, por fim, a romper aqueles padrões de pensamento obsessivo-compulsivo. Podem ser pensamentos relacionados a sentimentos mais profundos de insegurança, de ansiedade acerca da morte, de perda ou de medo. Deixar de lado esses pensamentos não significa que estamos correndo deles; na verdade, decidimos fazer com que parem de nos pôr para correr. Além dos pensamentos acerca do passado, temos muitos que se projetam à frente (do tipo "Não seria maravilhoso se..." ou "Viverei muito melhor quando..."). Ponha de lado todos os pensamentos do passado, do presente e do futuro, bem como o vasto conjunto de fantasias sempre prestes a transbordar para dentro da mente. É nesse estado de deixar ir e deixar de lado que você desperta para o verdadeiro agora.

A mente é tal qual uma fábrica preparada para produzir nas 24 horas. Produz materiais sem cessar e espera que você consuma todos eles continuamente. O desafio é o de retreiná-la, domesticá-la e ensiná-la.

Na meditação, você está dizendo para o gerente da fábrica (o ego): "Por favor, agora não. Estou ocupado. Falarei com você mais tarde". O gerente (ou o chefe do departamento, ou a secretária) poderá olhá-lo com reprovação. Apenas sorria, e não ceda. Efetivamente, você está dizendo: "Há um tempo para pensar e um tempo para não pensar, um tempo em que não estou tentando acompanhar meus pensamentos velozes, minhas estratégias, análises, ansiedades e fantasias". São momentos em que você se separa de toda a sua produção mental, tal como dá ouvidos ao corpo quando ele lhe diz: "Você está exausto e, não importa o quanto ainda tem a fazer, precisa dormir". Pesquisas sugerem que a meditação rejuvenesce todo o sistema humano de modo muito semelhante ao do sono.

A dádiva de ser

A meditação confere devido reconhecimento a toda a maravilha e dádiva de ser humano. Ao praticá-la todos os dias, dedicamo-nos a respeitar as demandas de *ser* em lugar daquelas ligadas ao *fazer*. A meditação não diz respeito a conquistar coisa alguma, embora ela seja um trabalho bom e real; diz respeito a ser. Nossos pensamentos, projetos e compreensão serão potencializados, clareados, enriquecidos e se tornarão mais eficazes por tirarmos esse tempo do fazer para dedicá-lo a *ser*.

Uma decisão importante é a da escolha do mantra. Não apenas porque usamos a mesma palavra ao longo de toda a sessão de meditação, mas também porque a usaremos por tempo indeterminado dia após dia. Recomendei uma palavra universal e, assim, pode ser usada por todos os que queiram: *maranatha*. Trata-se de um mantra belo e eficaz por vários motivos, dentre os quais os mais óbvios são a sua sonoridade e o fato de sua repetição não evocar ideias ou imagens à mente. O som da vogal aberta produz efeito calmante na mente. Encontramos essas sílabas em mantras de todas as tradições de sabedoria. As quatro sílabas também facilitam a repetição rítmica.

Presume-se que toda empresa moderna seja multicultural e multilíngue. Nos níveis mais altos das grandes empresas, em que ocorrem reuniões internacionais, há necessidade de tradução simultânea ou de uma língua comum. O aprendizado de uma nova língua demanda tempo, dedicação e, é claro, repetição. Na meditação, aprendemos um tipo novo de língua comum; aprendemos a linguagem do silêncio. É uma linguagem que nossos ancestrais compreendiam melhor que nós. Eles sabiam que o verdadeiro silêncio nada tem a ver com negação, evasão ou interrupção da comunicação. Bem ao contrário. Quando mergulhamos no silêncio juntos, com boa vontade e confiança, emergimos dele entendendo melhor uns aos outros, pois suspendemos preconceitos e medos e descobrimo-nos mais prontos para a escuta e o intercâmbio. Onde quer que seja praticada, a meditação muda o ambiente e a cultura de grupos e de empresas, mesmo que por meio de uma pequena massa crítica de pessoas.

A meditação é um trabalho solitário no sentido de que não posso meditar por você, nem você por mim. No entanto, há nela uma profunda dinâmica relacional. A meditação nos revela, em nossa solitude, que por natureza estamos em relacionamento. É também natural que as pessoas se sintam atraídas a meditar em grupo. Se você quisesse aprender chinês, seria muito difícil fazê-lo completamente sozinho. Instruções básicas, correções amistosas, certo bom humor e, por fim, aulas de conversação – todos esses são elementos que facilitam o aprendizado de uma nova língua. A meditação com outras pessoas ajuda-nos a aprendê-la melhor. Um dos primeiros frutos dessa experiência comum de silêncio compartilhado faz-se sentir na melhoria da comunicação e da dinâmica social.

Mente estável

Qualquer aprendizado leva tempo. Portanto, tenha paciência e não se desaponte com o tempo que você vai gastar nisso. Apenas continue aprendendo. Nos estágios iniciais, o que mais importa é manter-se fiel à prática. Em sua maioria, as pessoas começam a meditar porque querem aprender, mas desistem por pensar que não conseguem dominar a prática ou por não poder confiar em que as pequenas mudanças se tornarão algo maior.

Entretanto, ficar com o mantra, dia após dia com a mesma palavra, conduz-nos a uma descoberta maravilhosa e inesperada: a mente estável. Os velhos monges da minha tradição davam a isso o nome de "oração incessante". Há outros termos que podem fazer mais sentido para você, tais como "discernimento estável", "calma interior", "equilíbrio", "fundar-se no verdadeiro ser durante os altos e baixos da vida". Isso não significa que você não terá dias bons e ruins ou que não perderá as estribeiras de vez em quando. Quer dizer, sim, que tomará consciência de uma sensação de paz mais e mais profunda, paz que não se rompe nem mesmo em momentos de turbulência ou raiva. Junto dessa paz virá uma sensação de alegria menos dependente de circunstâncias externas. O sinal de que isso está ocorrendo é o mantra ter criado raízes em você. Ele surgirá naturalmente por si mesmo e sem nenhum esforço quando, por exemplo, você estiver à espera do elevador, na antessala de um dentista, no aeroporto antes de um voo atrasado ou preso em uma reunião inútil. Será como receber uma mensagem de alguém que você ama. Sem interromper o que você estiver fazendo, o mantra o lembrará da mais importante dimensão da sua vida. Assim, como afirmei acima, o mantra se torna um amigo especial. O que ele nos traz, à medida que vai mergulhando mais e mais fundo em nosso ser, é uma das maiores dádivas da vida. Essa é a razão pela qual lhe digo que dê toda atenção à palavra, que a repita com cuidado, que a articule na mente com clareza e que a ouça enquanto a recita.

Mente instável

No início, se tiver sorte, você pode repetir a palavra ao longo de todo um segundo antes de começar a pensar nos afazeres do dia seguinte. Isso pode desencorajá-lo no começo, mas aos poucos você se dará conta de que sua distração crônica está diminuindo. Até lá, toda vez que suas fantasias rarearem você procurará com a mente alguma coisa mais com que se preocupar. Esse é apenas o modo de a mente destreinada funcionar antes de aprender algo melhor. Você não é diferente; todas as pessoas têm o mesmo tipo de problemas com a consciência.

Todavia, a consciência pode mudar. Você descobrirá que pode sentar-se para meditar cheio de ansiedade, estresse, medo ou desejos impetuosos, e ao final da sessão levantar-se calmo e claro, a dizer: "Que agitação era aquela? Consigo lidar com isso". A experiência o ensinará que a meditação traz essa maravilhosa dádiva de ser capaz de acalmar a mente. Mas é preciso aprender como receber essa dádiva.

Meditemos agora

Meditemos outra vez, agora. Sente-se com as costas eretas. Os ísquios, os dois ossinhos da parte inferior dos quadris em que nos firmamos quando sentados, podem indicar-nos a melhor postura; assim, procure senti-los para distribuir seu peso por igual entre eles. Use a borda do assento de modo a não recostar na cadeira, mas a permitir que a cadeira o apoie. Procure manter um espaço entre as suas costas e o encosto da cadeira. Coloque as plantas dos pés no chão de forma equilibrada. Leve as mãos ao colo ou aos joelhos, ou deixe que o dorso da sua mão mais ativa repouse sobre a palma da outra e que o polegar toque de leve ou sobreponha o dedo indicador. Relaxe os ombros e os músculos da face, em especial os da testa e maxilares, que algumas vezes retesamos a ponto de dar dor de cabeça. Permita-se desfrutar esse estado de calma e quietude. Preste atenção por alguns momentos à respiração. Isso o ajudará a recolher-se, a sair da cabeça. A respiração ajuda a trazê-lo para o momento presente. Prestar atenção à respiração já é o primeiro passo no sentido de retirá-la dos pensamentos.

Porém, com o mantra podemos agora ir mais fundo. Repetir o mantra é como seguir um caminho estreito em meio à floresta dos pensamentos. Amiúde a mente parece uma selva – densa e repleta de ruídos – mas se você descobrir a estreita picada pela qual pode atravessar essa selva, encontrará a paz de saber que está no caminho certo. No início, você pode sair da trilha e perambular pela selva dos pensamentos em boa parte da sessão de meditação. Porém, sempre que tomar consciência de que isso ocorreu, abandone o pensamento e retorne ao mantra. Você nunca estará a mais de um passo da trilha.

Assim, comece agora a repetir o mantra de modo suave. Articule-o com clareza: ma-ra-na-tha, ma-ra-na-tha. Você encontrará seu próprio ritmo e sua maneira de recitá-lo. Repita-o de forma contínua e confiante. Recite-o sem nada forçar; apenas emita o mantra. Repita-o com o mínimo de esforço, mas mantenha-se fiel a sempre retornar a ele. Quando a mente se distrair, abandone os pensamentos e volte à sua palavra, sua trilha, seu verdadeiro eu.

6

A mente, o ego e o mantra

O que passa pela mente durante a meditação pode ser qualquer coisa e todas as coisas.

Distração e mente clara

Em parte, tudo depende do que você tinha em mente antes de meditar e de como o seu ego prioriza o assunto. Se você estiver preocupado com um problema específico no trabalho, na família ou acerca de uma questão de relacionamento ou de saúde, então essa preocupação insistirá em manter a atenção que você estava dando a ela. "Isso é urgente", a mente lhe dirá, porque o ego assim o diz. No início da meditação ele teimosamente estará lá, recusando-se a esperar por sua vez. Ou, por outro lado, se você acabou de assistir a um filme de ação muito estimulante, as cenas se repetirão durante alguns minutos da meditação. Porém, à medida que você prossegue com a meditação, à medida que retorna ao mantra, você abandona o apego involuntário que tem a esses pensamentos ou recordações. Você não pode dispensá-los apenas por um ato de vontade. Se lutar contra eles, perderá e desperdiçará seu tempo. Com a repetição do mantra é que vencerá – pelo desapego.

Ao aprender o contínuo retorno ao mantra, você descobrirá que a mente se torna mais calma e que a atenção pode ser sustentada por períodos mais longos, tanto nas sessões de meditação, quanto fora delas. Haverá momentos, no começo talvez fugazes, em que a mente ficará muito quieta, silenciosa, e até tão clara quanto um céu sem nuvens. Nesses momentos, nada lhe passará pela mente e você não estará apegado a nenhuma imagem ou pensamento. Não haverá aglomerado de palavras, fragmentos de conversas, tentativas de solução de problemas, fantasias ou melodias. Você estará livre de ansiedades. Todas as pessoas são capazes desse estado mental. Ele é natural, e todos somos concebidos basicamente da mesma maneira. Algumas vezes, esse claro estado mental pode visitar-nos de maneira bem aleatória. Quando isso acontece durante a meditação, você pode perguntar-se: "Por que continuar a repetir o mantra? Não tenho pensamentos. Ganhei essa indulgência". Contudo, o pensamento de não ter pensamentos é, a bem dizer, um pensamento. Portanto, mantenha a repetição do mantra; faça-a de maneira ainda mais suave e sutil, ouça-o com atenção ainda maior, e ele o conduzirá a um silêncio mais profundo.

Simplesmente por meditar você dá crédito a si mesmo, e nesse crédito descobrirá a verdadeira natureza da sua mente. Refiro-me, é claro, ao comprometimento com a meditação por longo período, com simplicidade e receptividade cada vez mais profundas. Pratique a meditação tão bem quanto possa, e não se preocupe com fracasso. Sem dúvida, descobrirá que sua mente é capaz de muito maior equanimidade, estabilidade, clareza e paz do que você tinha imaginado.

O mantra

Qual é o bom trabalho que o mantra realiza? Você descobrirá isso por si mesmo, e será capaz de descrevê-lo da sua própria maneira.

Porém, como você está no início dessa trilha, aqui vai algo que pode ajudá-lo a ampliar tal entendimento. John Main descrevia o mantra como um harmônico. Toque um sino ou um gongo. Ouça o som, enquanto ele perdura. É, provavelmente, um som prazeroso, em que é fácil de se prestar atenção, um som harmonizador. Podemos entender o mantra como um harmônico que ressoamos no centro do nosso ser de modo a nos centrarmos e harmonizarmos.

Você também pode pensar no mantra como um sinalizador que identifica localização e direção, tal como o som de um radar que conduz o avião ao pouso, mesmo em meio à neblina espessa. Ainda que nem sempre você veja para onde está indo, estará seguindo na direção indicada pelo mantra. Mesmo que durante a meditação sua mente esteja distraída, não se concentre na distração, mas no sinalizador, na direção. Mantenha o foco no mantra. Continue a retornar a ele, e permanecerá no rumo. Você pode, também, pensar no mantra como um arado. O lavrador sulca o campo para semear e deixar crescer a futura colheita. Ao repetir o mantra, você gera em si mesmo um espaço necessário à expansão. Essas são simples metáforas que podem ajudá-lo a entender melhor o que você está fazendo. À medida que sua experiência se aprofunda, você terá seus próprios *insights* sobre o processo e, ainda mais, sobre o seu significado. No próximo capítulo falaremos mais a esse respeito.

Por que repetir o mantra continuamente? Porque o mantra não se destina apenas a acalmar a mente, mas também a nos levar além da consciência do ego. Quando começamos, o ego não gosta de que retiremos a consciência de nós mesmos; sente, acertadamente, que está prestes a ser rebaixado. O ego não quer abrir mão de nem mesmo um bocadinho do seu poder. É daí que vem a resistência. No início você só quer meditar, mas depois de começar você passa tanto a querer meditar quanto a sentir resistência.

Ego

Por que teria de haver essa resistência? Trata-se aqui da reação instintiva do ego, que é nosso sentido solidificado de separação e de independência, e que depende de estarmos no total controle e donos da situação.

Quando retiramos a atenção dos pensamentos, começamos automaticamente a recentrar o ego. Não importa que tipo de ego tenhamos – o que pensa que deveria ser o imperador do mundo ou o que pensa que não presta e é inútil –, ele se agarra a qualquer percepção que tenha de si mesmo e se protege quanto a qualquer vulnerabilidade, mesmo que isso nos conduza a identidade e liberdade mais amplas. Ele pensa, ou sente, que está perdendo terreno e poder. De fato, ele já foi promovido demais e está apenas sendo colocado numa posição em que trabalhará melhor e será mais feliz no que faz; e nós nos sentiremos mais livres por não estarmos tão controlados pelas distorções do egocentrismo, suas paranoias e apropriações de poder.

Por isso repetimos o mantra sem cessar: porque o ego gostaria de controlar até mesmo a meditação, e a contínua repetição do mantra o impede. Tal como um animal de estimação ou uma criança, o ego precisa ser educado. Com o tempo, passará a inflamar-se menos, ficará mais feliz e saudável, e você colherá os benefícios. É claro que o ego não está sendo destruído; está apenas sendo conduzido à tarefa que deveria fazer. Precisamos de um ego funcional. Só precisamos nos certificar de que seja o tipo certo de ego. Nosso ego não é enterrado pela meditação. Não deveríamos tentar destruí-lo. Porém, se o seu ego estiver fora de controle, se tornará fonte de sofrimento para você e para todos os que estiverem à sua volta. O primeiro objetivo é reduzir o grau de egoísmo na vida diária. Depressão, automutilação, raiva e violência, bem como a maioria dos problemas em casa, no trabalho e no mundo, originam-se no ego. Se o ego passar a ser um servo e não mais um tirano, o sofrimento diminuirá e a felicidade aumentará. Tal como uma velha estrela de cinema ou um político deposto, o ego sempre tenta preparar seu retorno. Temos de detectar isso a tempo e enviá-lo de volta ao seu lugar.

Precisamos de um ego para funcionar no trabalho ou para dirigir um automóvel, controlar a raiva no trânsito ou questionar uma conta sem matar o garçom. A meditação permite-nos usar o ego de maneira sábia e impedi-lo de prejudicar todos os relacionamentos dos quais dependem o bom trabalho e uma vida decente.

É por isso que repetimos o mantra continuamente.

7

O significado da experiência

Nesse estágio do aprendizado da meditação, a coisa mais importante que você procura fazer é focar o desenvolvimento de uma prática diária. Todos precisam de ajuda para isso. Espero que este livro o ajude. Porém, seu instrutor é sua própria experiência. O termo latino *magistra experientia* expressa uma antiga sabedoria acerca de como aprendemos com a vida. Francis Bacon, um dos fundadores da ciência moderna, afirmou o mesmo em termos mais contemporâneos: "a experiência é, de longe, a melhor prova".

A que se refere "experiência"?

A "experiência" é muito importante para o aprendizado e para descobrirmos a verdade, mas não a confunda com *experiências*. O neófito pode pensar: "Tudo bem, se estou começando a meditar, algo deveria acontecer na minha meditação. Eu deveria levitar alguns centímetros, talvez um dia até um metro acima do solo. Ou eu deveria desenvolver ao meu redor uma aura radiosa, que todos notem. Ou conseguirei algum tipo de inteligência superior que me permitirá ver o futuro ou enxergar atrás da esquina. Ou eu deveria obter lampejos de iluminação, mensagens de Deus ou de outra galáxia. No mínimo, eu deveria ser supertranquilo e desapegado, flutuar acima de todas as coisas, sem jamais perder a calma". Lamento, mas não é assim.

Se você quiser esses efeitos sobrenaturais, eu não lhe recomendaria a meditação. Não é bem disso que se trata, e será melhor não ter esse tipo de expectativas. Quando comecei a meditar, John Main me disse o seguinte: "Nada acontece durante a sua meditação; e, se acontecer, ignore!" Esse pode não ser o melhor *slogan* para promover a meditação no competitivo mercado atual. Mas é honesto e útil. É o melhor conselho para quem quer aprender a meditar. Acredite nisso, e em pouco tempo você será um verdadeiro meditador. Se estiver à procura de que algo sensacional aconteça na meditação, você simplesmente estará à procura da coisa errada.

A meditação é experiencial. É claro, mudará a sua vida, mas não busque *experiências*. Entenda isso, e terá uma estrada desimpedida à sua frente.

Atenção pura

Qual é então a experiência, *na* meditação, mais importante que quaisquer experiências *de* meditação?

É a experiência transformadora de prestar atenção pura. Ou seja, não estamos pensando acerca de trabalho, acerca dos nossos problemas, acerca de Deus ou do cosmos, acerca de impostos ou de quaisquer combinações desses assuntos. Em vez disso, deixamos todos os pensamentos de lado. Quanto você paga por essa experiência de *atenção plena*? Tudo o que você tem. É *atenção plena*. Mesmo que seja por um ou três segundos, esse é o preço. Todavia, o que você recebe em seguida é a capacidade de prestar uma atenção mais pura a todas as coisas, o tempo inteiro. Prestar atenção ao mantra ajuda-o a desenvolver essa dádiva da atenção pura, que é via de mão dupla: de você para fora, e dos outros para você. Quando você prestar atenção aos demais, será mais fácil para eles prestar atenção a você.

Essa é outra maneira de dizer que meditação é a experiência de *ser*. Estamos simplesmente *sendo*. Por ser monge, entendo essa atenção como o que os primeiros monges da minha tradição chamavam de "oração pura". É uma oração purificada de ego e de exigências do ego. Significa *estar com*, e compartilhar a mente divina, em lugar de *pensar* acerca de Deus, ou de *falar* com Deus (que também são formas de oração, mas não do mesmo tipo). Um budista descreveria isso de maneira diferente, talvez como a chegada à mente de clara luz, a descoberta de que a sabedoria e a compaixão são a nossa verdadeira natureza. Você encontrará diferentes maneiras de expressar o significado da experiência, de acordo com suas crenças e sistema de valores. Se acredita que a mente nada mais é que o funcionamento elétrico do cérebro, encontrará significado nas sinapses e nos neurônios. O compartilhamento da meditação como experiência unificadora – por meio da meditação em grupo – proporciona rico e fecundo diálogo com pessoas de variadas crenças. Permite a descoberta de um denominador comum. Sobretudo nos locais de trabalho de nossa aldeia global, temos de encontrar esse denominador comum às culturas, tradições e crenças. A experiência, em si, é a mesma em todas elas.

Só por meio da experiência é que você realmente entenderá o significado. Quanto mais meditar, mais saberá o que significa *ser* como algo distinto de pensar. Então, os sinais de que você está, de fato, fazendo algo transformador se tornarão visíveis na vida pelo modo como você se relaciona com os outros, consigo mesmo e com o meio ambiente. A prova não estará menos visível na maneira de você lidar com situações difíceis, aceitar o dom de ser, o dom da vida, e em como enfrenta a perda ou a negatividade. Assim, é no *seu modo de vida* que você verá os frutos dessa experiência.

Solidão e solitude

Encontramos significado na mesma profundidade em que passamos pela experiência. Experiência superficial, pouco significado.

Precisamos de significado para viver de modo significativo, para ter uma vida humana plena. O significado não pode ser reduzido a uma explicação, a um sistema de crenças, rituais ou respostas. A morte ajuda-nos a entender o que é significado. Pessoas que se sentem conectadas morrem em paz. Sentir-se só e isolado é a pior maneira de viver ou de morrer. Significado pode, então, ser entendido melhor como a compreensão de que estamos conectados – em todos os níveis de nosso ser.

Com sua costumeira maneira sucinta e perspicaz, John Main relacionava a experiência que encontramos na meditação a significado ao dizer que "meditação gera comunidade". Quando medita, você acessa o nível profundo de seu ser que está sempre em relacionamento com tudo e com todos à sua volta. É aí que você encontra o fim de todo medo de exclusão ou isolamento. A solidão é um dos grandes problemas da cultura moderna. Parece ser um dos preços exorbitantes que pagamos pela abundância. Competição excessiva também acarreta solidão, pois todos parecem ser uma ameaça ou um competidor. A solidão é uma das grandes doenças do nosso tempo. Mesmo pessoas de famílias ativas, pessoas com muitos amigos e pessoas que têm agenda lotada podem sentir-se dolorosamente sós, apesar de estarem sempre correndo para manter as aparências.

A meditação é o antídoto da solidão, pois nos apresenta a solitude.

Solitude é a imagem espelhada da solidão. Na solitude descobrimos e abraçamos nossa identidade única. Não fugimos ao nos vermos emergir da uniformidade da multidão e da fábrica de clones do consumismo, onde nos parecemos a todos os demais. Todo ser humano é único, insubstituível, irreplicável e, portanto, de igual e infinito valor. Tal como disse Kant[4], os seres humanos têm valor porque são sempre um *fim*, e não um *meio* para um fim. Cada um de nós é singular. Essa singularidade pode amedrontar-

4. Filósofo alemão Immanuel Kant (1724-1804).

-nos de início, porque não gostaríamos de ser singulares *demais*, caso isso nos fizesse sentir sós. Poderíamos sentir falta da multidão. O ego quer ser diferente (mas não diferente *demais*) e constrói uma mentalidade coletivo-consumista entre pessoas que desejam ser individualmente diferentes, mas de uma mesma maneira. Podemos desejar ter alguma sigla após nosso nome, ou um cartão de membro de algum clube ou sala exclusiva. Apreciamos ser diferentes, mas também gostamos de *pertencer*. Ficarmos presos a esse nível egoico limita-nos e restringe nossa capacidade para relacionamentos.

Precisamos encontrar e acolher nossa singularidade na solitude, para nos capacitarmos a criar os mais profundos e mais realizadores relacionamentos. Poderemos não ter muitos desses relacionamentos, mas alguns ou até mesmo um só valem mais do que 600 "amigos" de Facebook. A meditação tem caráter prático e pé no chão. Todavia, também nos conduz à dimensão profunda e integra profundezas e superfície – os níveis do ser e os do fazer. Ao mergulharmos cada vez mais fundo, encontramos significado por meio do paradoxo segundo o qual a vida não é um problema a ser resolvido, mas um mistério a ser penetrado.

É por isso que os frutos da meditação ficam evidentes, primeiro, nos relacionamentos com os outros. Não se trata de levitar ou de se tornar super-humano, mas de ser reumanizado. A meditação é tão natural para toda a nossa pessoa, quanto a respiração o é para o corpo. Por natureza, somos concebidos para a meditação. E isso nos ajuda a ser nós mesmos, da maneira mais completa.

8

Cuidado e atenção

Os termos "meditação" e "medicina" têm o mesmo prefixo (*med*), que traz a noção de cuidado e atenção.

Atenção cuidadosa

Se você for fazer um *check-up*, ou se for a uma unidade de pronto atendimento, precisa e espera encontrar alguém que cuide de você com toda a atenção.

Há diferentes tipos de cuidado. Há um cuidado superficial e formal, e há aquele em que você sente que a pessoa está de fato atenta, que não está apenas realizando sua tarefa, que se importa pessoalmente com você. A diferença entre cuidado superficial (meramente profissional ou fingido) e cuidado pessoal está na qualidade da atenção. Aquela pessoa dá total atenção ao trabalho de cuidar? Em caso afirmativo, ela se entrega por inteiro, porque dar sua atenção é dar a si mesma. Se assim for, esse é o bom trabalho.

Isso não se aplica apenas ao cuidado pessoal que se dá a alguém precisado de atenção urgente. De maneira diferente, isso se aplica também a qualquer trabalho que você faça e considere valer a pena. Quando os arquitetos trabalham em seus projetos, cálculos e ideias, o resultado depende da qualidade da atenção que empregaram e do tempo ao longo do qual conseguiram sustentar essa atenção. É como se a atenção fosse um músculo que se cansa com facilidade. A meditação o fortalece.

Quando buscamos um médico ou um terapeuta, precisamos acima de tudo da sua atenção desinteressada. Se, além disso, essa pessoa também puder resolver nosso problema, melhor ainda. Então, nos terá "curado". Mas mesmo se não conseguir solucionar o problema, sua atenção genuína já é benéfica. Faz-nos sentir melhor e mais resilientes. É afirmativa. É curativa. Do mesmo modo, a atenção que você dá a um contrato ou negociação pode ser exigente, mas se você quiser que o resultado seja um bom trabalho, o mesmo músculo deve estar disponível para a atenção às pessoas da sua equipe. Elas vão se sentir tocadas e compreendidas, liberadas e com entusiasmo renovado por receberem um cuidado genuíno.

Você também pode chamar isso de amor. É claro que "amor" é uma palavra forte. Em certo sentido sugere paixão, desejo ou possessividade. Porém, a atenção altruísta dada a uma pessoa qualquer (por quem você não tem nenhum interesse a mais) ou a um trabalho em andamento é uma manifestação de amor. Quando alguém diz amar o que faz, isso é de fato o que está querendo dizer: a habilidade de *doar a si mesmo* àquilo. Esse é o centramento no outro, necessário ao bom líder tanto quanto ao bom trabalhador.

A meditação dá atenção e cuidado a nós mesmos de um modo centrado no outro, e isso transborda para a vida cotidiana, onde se torna visível na forma da atenção e cuidado – compaixão – que damos aos demais.

Uma disciplina doadora de vida

Ao aprender a meditar, muitas pessoas travam uma luta com o tempo que precisam dedicar-lhe. "Vinte minutos me parecem uma grande montanha a escalar. E, ainda mais, duas vezes ao dia! Não sou monge. Vivo no mundo real. Não posso dedicar

20 minutos, mas talvez cinco." Essa é a maneira pela qual a maioria de nós começa.

Com o tempo e a prática, você passa a compreender o significado da experiência. Percebe que aqueles 20 minutos, duas vezes ao dia, são um excelente investimento de tempo, pois em retorno lhe dão mais tempo do que o que foi aplicado. E, mais que isso, trata-se da ação mais gentil e atenciosa que você pode fazer por si mesmo. Os benefícios propagam-se para os que você ama e para aqueles com quem trabalha, bem como para todas as pessoas que encontra na rua ou no aeroporto.

O fruto da meditação diária produz novo senso de união com os demais. Por união quero dizer habilidade de encontrar e interagir com eles sem barreiras de suspeita ou medo. Os outros não parecem inimigos ou ameaças potenciais, mas amigos e colaboradores potenciais. Você continuará cauteloso, mas ao encontrá-los sentirá muito menos ansiedade do que sentia antes. Isso não o tornará mais vulnerável ou mais autocentrado. Fará com que fique mais forte, porque mais altruísta, mais centrado no outro: tal é o paradoxo da meditação. Você não está fixando-se em si mesmo ou mimando a si mesmo. Não se trata de alimentar o ego ou de ser controlado por medos, desejos ou filtros pelos quais enxerga o mundo. Bem ao contrário. É a libertação dos medos, desejos e ilusões do ego que o libertam para que você viva na realidade.

Portanto, pense no bom trabalho da meditação como um cuidado consigo mesmo feito da maneira mais profunda, séria e suave, quando você aprende a fortalecer o músculo da atenção. A surpresa é a de que descobrimos nós mesmos ao retirar a atenção de nós mesmos. É um trabalho desafiador, pois na maior parte do tempo pensamos em nós mesmos; pensamos em problemas, finanças ou saúde, no que fazer quanto ao estresse de nossa vida, nos prazos que se avultam a nossa frente, nos relacionamentos pessoais, na insaciável busca de felicidade e realização, nos medos persistentes acerca do futuro. Com tudo isso, não causa surpresa que nos tornemos tão autocentrados. Costumeiramente, a atenção se concentra em nós mesmos ou em um desses nossos aspectos. Por meio da meditação, tiramos inteiramente o foco da consciência de nós mesmos. No início, é como mover um equipamento pesado, mas tão logo ele comece a virar, compreendemos o quanto isso nos liberta. A meditação não é apenas simples. Ela é radicalmente simples, por ser radicalmente centrada no outro.

Esse centramento no outro é libertador porque nos eleva acima e para fora da órbita do ego. Se você estiver sempre preso à atração gravitacional da grande estrela que é o ego, você estará aprisionado em um laço de sofrimento e tristeza que se autorreforça. A sensação de frustração e de isolamento torna-se endêmica. Freud disse que o ego é a fonte de todo sofrimento. Buda enxergava o apego egoísta como a causa do ciclo de sofrimentos, e de consequências prejudiciais. Jesus disse que deixássemos o pequeno eu, o ego, para trás, a fim de que o verdadeiro eu pudesse surgir.

A meditação é o trabalho de controlar e transcender o ego. Esse é o real significado de cuidar de si mesmo. Retirar a atenção de si é uma maneira de amar-se, e até de descobrir pela primeira vez o real significado do amor.

9

Sucesso e fracasso

Gostamos de sentir-nos focados e de saber para onde estamos indo. Isso nos dá a sensação de estarmos no controle da direção da nossa vida. Assim, é profundamente perturbadora a sensação de estar perambulando pelo labirinto da mente, em meio a emoções inquietantes. Quando você começa a meditar, terá essa sensação de tempos em tempos: "Que estou fazendo? Para onde isso está me levando?"

Distração, a grande instrutora

Você pode usar para seu proveito a descoberta da distração e do pensamento compulsivo, se conseguir enfrentar isso sem desistir nem fugir. O enfrentamento da mente errante fará com que você volte para casa, volte para si mesmo, e restabelecerá um sentido maior de propósito e de clareza. Isso, naturalmente, não é automático. Você precisa agir, e o faz por meio da repetição do mantra. Esse trabalho é bom trabalho, mesmo quando a mente está errática.

Ademais, você passa a conhecer-se melhor, e de modo mais profundo, o que significa que trabalhará melhor com as pessoas. Descobrirá ser capaz de ver-se nos outros, e de ver os outros em si. Isso vem a ser uma transformação nos relacionamentos e o fim, ou ao menos uma redução, do processo prejudicial de projeção pelo qual culpamos os demais por nossas próprias falhas. O termo que os tibetanos usam para meditação significa "familiarizar-se consigo mesmo". Conhecer a si mesmo é um elemento essencial da felicidade humana, assim como uma qualidade necessária para a boa liderança. Ao tornar-se consciente da natureza aleatória de sua mente errante, você se familiariza com a verdadeira natureza dela. Ao ver o quanto é distraído, você verá, além disso, que tem também uma mente estável e clara. Só conscientizar-se dessa distração já é progresso. As pessoas mais perigosas são aquelas conscientes pela metade: não sabem que a própria mente perambula assim tão solta, pensam saber tudo e estar sempre certas. Um primeiro passo na direção correta é você continuar sentado, consciente da própria distração, sem sair correndo para o computador, para a televisão ou para a academia de ginástica. Permaneça confiante com essa descoberta – e não desencorajado.

Falha que é dádiva

Durante aqueles 20 minutos, sua atenção falhará e você ficará absorto em alguma distração interior ou exterior.

As circunstâncias mudam. Em algumas oportunidades, você consegue manter a atenção por períodos mais longos. Em outras, parece ser mesmo impossível atrelar-se ao mantra. De fato, nunca podemos avaliar o verdadeiro resultado de uma meditação. Há coisas que não se podem quantificar ou analisar plenamente, e a experiência da meditação é uma delas. A meditação mais distraída ou a que parece mais inútil pode, num quadro geral, ser uma das mais valiosas que você já fez. Quantas vezes na vida acontece de desprezarmos ou ridicularizarmos eventos ou pessoas, e mais adiante descobrirmos o quanto nos foram preciosos? Na distração, o momento positivo se dá quando você "desperta" e vê o que está sucedendo. A consciência retorna, e fica cada vez mais forte. Tão logo você se dê conta de ter-se distraído, abandone o pensamento e volte à trilha do mantra. Pode ser que você tenha ficado perdido na floresta por muitos minutos, mas, uma vez que tenha tomado consciência, nunca estará a mais de um passo da trilha.

Com relação à maneira de lidar com a experiência da distração, tenho mais uma sugestão. Como todos preferimos ter sucesso, a distração nos parecerá fracasso; apenas trate esse sentimento como se nada mais fosse que outra distração. Na verdade, distração não é fracasso, mas uma grande instrutora a que você será grato. A meditação tem algo de singular a ensinar acerca do significado de sucesso e de fracasso, sobretudo para pessoas altamente motivadas e bem-sucedidas. Vivemos em uma sociedade que reverencia o sucesso. O atual presidente dos Estados Unidos, que se supõe ser a pessoa de maior poder e por isso de maior sucesso no mundo, acredita que a única coisa que importa é vencer. As pessoas parecem gostar de vencedores ou de quem está convencido de ser vencedor. Perdedores nada mais são que perdedores. Porém, há tipos diferentes de vitória: ganhar batalhas, ganhar guerras, ganhar discussões, ganhar sorrisos e ganhar almas. Juntar todas essas formas de sucesso em uma filosofia do "vencer a qualquer custo" acaba por nos conduzir ao sofrimento do pior tipo de fracasso e sensação de desperdício. É, também, uma filosofia de vida insustentável, pois ninguém é perfeito por muito tempo e todos erram. Caso eu quisesse aprender mandarim, mas me recusasse a fazê-lo por meio de erros frequentes ao me expressar, jamais conseguiria aprender, não é mesmo? Você só aprende quando aceita o fato de que vai errar, e não deixa que autorreprovação e vergonha o impeçam de progredir. Você vai reaprender, incorporar e seguir adiante.

A ilusão do perfeccionismo

O perfeccionismo é um dos defeitos mais perigosos de que precisamos nos livrar em nosso sistema mental e emocional, porque nos infectou tal qual um vírus.

Pensamos que deveríamos ser perfeitos. Isso é assim, porque nos ensinaram a ser perfeitos, a ser o que os outros (ou Deus) esperam de nós. E, se sabemos que não somos perfeitos, temos de parecer perfeitos, agir como se o fôssemos. Pense na tristeza daqueles que perdem o emprego, mas não comunicam isso à família e continuam a se arrumar e a sair de casa todas as manhãs, fingindo ir ao escritório. O perfeccionismo rouba-nos a autoaceitação e torna-nos demasiado dependentes do que os outros pensam de nós: de preferência queremos ser vistos como pessoa bem-sucedida, popular, brilhante e no controle da situação. Um amigo meu, que tem posição de relevo e de poder, diz hoje que a meditação lhe ensinou que quando admite abertamente os próprios erros é um líder melhor e forma a seu redor uma equipe melhor e mais dedicada. Essa atitude reforça sua autoridade, não a diminui. Sua equipe dedica-se mais a ele, e não menos. Imagine como seria triste e disfuncional um ambiente de trabalho onde ninguém pudesse fazer isso, onde ninguém fosse capaz de mostrar-se humano às pessoas com quem trabalha e com quem passa tão grande parte da vida.

A meditação ensina-nos a lidar com o fracasso e com a imperfeição. Combate o vírus do perfeccionismo tanto no que diz respeito à meditação, quanto no que diz respeito ao trabalho profissional. É um defeito ardiloso, que pode dominá-lo e fazer com que você desista. Por meio da meditação e com a operação de seus frutos nos diversos relacionamentos da vida, você verá como equilibrar os padrões brutais de sucesso e de fracasso com o sábio valor da fidelidade.

Quando você se distrair ao repetir o mantra, não veja isso como um fracasso negativo, mas aprenda o real significado da atenção. Você aprenderá por meio do retorno ao mantra. Trata-se de perseverança, mais que de sucesso. Não se trata de nos tornarmos mestres na meditação, mas de sermos fiéis. É assim que aprendemos e progredimos em qualquer arte. Se você acreditar na perfeição ou nas aparências da perfeição, ficará exausto, esgotado, e acabará por desistir. A meditação será sempre um processo de aprendizado, uma arte, e não uma técnica ou ciência. Com o aprendizado da meditação, aprendemos a viver melhor.

Às vezes a meditação será profunda, calma e serena. Às vezes parecerá uma montanha-russa ou roda-gigante, descontinuada e presa à turbulenta superfície da consciência. Nessas ocasiões, logo concluímos ter sido completa perda de tempo: "Já não funciona mais; quero sentir o que senti ontem, mas não consigo". Esses momentos são dádivas de diferentes tipos. São pontos cruciais de teste quanto a se você vai ceder e desistir ou perseverar e progredir.

Meditação como relacionamento

Pense na meditação como um relacionamento, um relacionamento consigo mesmo, que se expande a ponto de tocar todos os relacionamentos de sua vida, do mais passageiro ao mais íntimo.

Podemos compará-la a apaixonar-se. Há a mágica da atração, a esperança da felicidade perfeita, e os primeiros encontros são maravilhosos. Então, a parceira vê como você realmente é, e para você ela também parece ter perdido um pouco do encanto; e vocês começam a discordar acerca de qual filme deveriam assistir. Os egos geram atrito. Boa parte do tempo vocês empregam discutindo se esse é mesmo um relacionamento. Ainda que pareça não ser um progresso, faz parte da jornada que precisam fazer juntos. Seus pais ou seus melhores amigos irão ouvi-lo e encorajá-lo a suportar e procurar solução. Assim como em todo relacionamento, na meditação haverá altos e baixos; na visão de longo prazo, o que realmente importa é o relacionamento. A meditação constrói comunidade, e a comunidade ajuda a construir a sua prática.

Por fim, você chega a um ponto de maturidade na arte da meditação em que não lhe importa tanto se a meditação foi boa ou ruim. Você foi fiel a ela. Quando você passa a sentir não estar mais tão apegado ao fato de ela ter sido boa ou ruim, esse desapego por si só já mostra que a meditação está efetivamente dando resultados. A aprendizagem da meditação nunca se refere à avaliação de uma sessão: se foi um sucesso ou um fracasso, se foi boa ou ruim. A aprendizagem refere-se a praticá-la de maneira fiel. E praticar algo que você não precisa avaliar e sobre o qual ninguém irá julgá-lo é um verdadeiro alívio. Praticar algo tão bem quanto possível, sem apego a resultados: isso é progresso.

10

Disciplina e técnica

A profissão de arquiteto, assim como a maioria das profissões num mundo de crescente especialização, é altamente técnica e depende de tecnologias que mudam com rapidez. As técnicas podem ser estimulantes, e para o manejo delas em qualquer campo de atividade é necessário atualizar-se. Para fazer com que coisas complexas funcionem, precisamos de métodos que as simplifiquem e de estar sempre preparados para aprender novas técnicas.

Amor à disciplina

Contudo, há uma diferença intrínseca entre técnica e disciplina. Uma pode colaborar com a outra, é claro, mas distingui-las pode fazer toda a diferença quanto ao resultado ser ou não um bom trabalho.

A técnica prevê resultado específico, planejado e mensurável. Você quer erigir um edifício de 65 andares e deseja que ele permaneça de pé. Há um objetivo muito claro. Se além disso você quiser que ele tenha uma beleza marcante, precisará de imaginação e criatividade artística, mas esses dons não substituem a necessária maestria da técnica. Se você quiser reduzir a inflação e aumentar o PIB, há ferramentas da economia que poderá usar, mas precisará também de senso humano de justiça e compaixão. Assim se dá com a meditação. É claro que há um aspecto técnico radicalmente simples, se comparado ao de erigir um edifício ou dirigir uma economia, mas meditação é mais que técnica.

Seres humanos são mais que técnicos. Por trás da bomba atômica havia grandes cientistas, que tiveram uma vida de profundo remorso depois do seu "sucesso". A vida significa mais do que a tecnologia compreende. Os melhores especialistas em inteligência artificial de hoje não concordam com as manchetes midiáticas a respeito de as máquinas assumirem o controle, substituírem a mente humana.

Em todos os assuntos importantes, em que valores humanos estejam em jogo, é preciso que a disciplina complemente a técnica. A palavra disciplina tem origem no latim, *discere*, que significa "aprender". Qualquer coisa que você deseje aprender, seja ela arquitetura ou um novo programa de *software*, demanda algum grau de disciplina. Temos de nos dedicar, sacrificar nosso tempo, aprender com os erros, continuar tentando e, em fases de desânimo, manter-nos firmes. Qualquer coisa que seja de fato importante, tal como um relacionamento amoroso ou o compromisso com um modo de vida, logo nos mostra que jamais será por nós dominada como se faz meramente com uma técnica. A fidelidade e a disciplina farão com que você ame aquilo com que se comprometeu. Você retorna àquilo todos os dias porque o ama, mesmo depois que o romance inicial possa ter-se esfriado. Enfim, você medita todos os dias porque ama meditar. Você se apaixonará pela meditação porque verá que ela o está tornando uma pessoa mais amorosa e amável. Você se apaixonará por ela por praticá-la como disciplina, e não por dominar uma técnica.

Ofereço-lhe esses pensamentos, no início do seu discipulado na meditação, como algo que pode ser útil reter. Talvez se mostrem oportunos, no futuro, quando você refletir sobre a sua experiência e perceber o significado dela. Recomendo que mantenha em mente a distinção entre técnica e disciplina, pois pode ajudá-lo no processo de aprendizagem.

11

Benefícios e frutos

Outra distinção a que já me referi, e que vale a pena considerar, é a existente entre benefícios e frutos da meditação.

O que podemos e o que não podemos mensurar e observar

Benefícios são efeitos que podemos mensurar em maior ou menor grau, tais como pressão arterial, níveis de estresse ou padrões de sono. Mesmo sem testes laboratoriais, você se dará conta de responder de modo diferente a situações estressantes nos dias em que medita e nos dias que não o faz.

Uma professora do ensino médio que instrui os alunos adolescentes a respeito de meditação deixou, certa manhã, de fazer sua própria sessão. No meio da primeira aula, quando já mostrava alguns sinais de irritabilidade com os garotos, um dos espertinhos lhe disse: "A senhora não meditou hoje de manhã, certo?" Num encontro de médicos, ouvi um deles dizer aos colegas: "Quando comecei a meditar, meu problema era fazê-lo todos os dias. Agora, meu problema é quando não o faço". Quando não medita, ele logo percebe que falta algo. Em recente teste clínico realizado com um grupo de médicos do Atendimento Emergencial, foi usado um monitor (*Fitbit*) por diversas semanas, para avaliação das funções físicas deles. Os resultados foram uma clara e mensurável afirmação dos benefícios da meditação, que abrangeram desde a pulsação cardíaca até o sistema imunológico e os níveis de exaustão (*burnout*). Mesmo antes de os complexos dados estatísticos terem sido processados, os que se submeteram ao teste reportaram terem se sentido melhor quando meditaram.

Há também os assim chamados frutos da meditação. O contraste é semelhante à distinção entre técnica e disciplina. Por meio de uma abordagem técnica, coletamos e medimos os benefícios – são coisas que se podem avaliar, prever e controlar. Já os frutos estão mais relacionados com a abordagem da disciplina. Todavia, não há oposição entre eles. Na meditação há, é claro, uma técnica: aquela muito simples, da repetição do mantra. Porém, ao repeti-lo dentro de um espírito de disciplina, você desperta de modo mais consciente para seus frutos.

No Novo Testamento há uma passagem de uma carta de São Paulo similar a uma passagem do *Dhammapada*, o texto budista que contém os dizeres do Buda. Ambas as passagens descrevem as qualidades que tomam forma na mente e na vida exterior de uma pessoa quando medita. Variam conforme as diferentes traduções, é claro, mas são praticamente as mesmas: amor, alegria, paz, paciência, gentileza, bondade, fidelidade, mansidão e autocontrole. Essas qualidades da mente e do coração são também qualidades de relacionamento. São relativas à maneira como você se relaciona consigo mesmo, com os outros e com o mistério que nos contém a todos, mistério em que vivemos e nos movemos todos os dias. Tais qualidades não são valores abstratos, mas experiências reais. O amor é uma experiência real, não é? Também o são a alegria, a paz, a paciência, a gentileza e assim por diante. São experiências vívidas, ainda que não possamos medi-las da maneira como o fazemos com a pressão arterial ou com o sistema imunológico.

Como mencionei acima, benefícios e frutos não se opõem. Talvez sejam diferentes maneiras de percepção, as mesmas maneiras pelas quais a meditação nos influencia. Olhe para um benefício mensurável mais de perto, e você encontrará um fruto que desafia a definição.

Estar presente

Um dos deleites que a meditação nos reserva está em como viver no momento presente: um ponto do espaço e do tempo a que raramente dedicamos muito tempo.

Você pode estar sentado em algum lugar pensando adiante e planejando algum evento futuro. Então, dá-se conta de uma bonita libélula a girar ao seu redor. Você não a varre para o esquecimento, mas põe-se a contemplá-la. Para planejar o futuro é necessário dedicar tempo, mas e se isso significar jamais estarmos presentes para o que está aqui, agora? O que uma libélula tem para nos dar comparado a um bom planejamento para o sucesso no futuro? Caso não vejamos nenhuma vantagem a obter das pessoas ou coisas à nossa volta, afastamos delas a atenção. Alguma vez você já notou que a pessoa com quem está falando perde de repente o interesse ao ver passar ao lado alguém mais influente que você? Além disso, há a posse: gostamos de reter as coisas de que gostamos. Porém, as coisas mais belas da vida têm curta passagem pelo nosso mundo. Podem ser muito fugazes, e não temos tempo ou presença de espírito para prestar-lhes atenção, para deleitar-nos com elas ou para sentir o maravilhamento que a criança sente com o mundo, e que ainda nos está disponível. Esses breves momentos, em que a atenção se concentra naquilo cuja utilidade não é mensurável, não são de fato perda de tempo. Intensificam nossa atenção e fazem com que o trabalho valha a pena, com que seja bom trabalho. A meditação permite-nos estar conscientes desses momentos preciosos.

Essa presença de espírito é crucial nas relações de trabalho: na colaboração com um colega, nos relatórios para o chefe, nas conversas com um supervisor, na ajuda a alguém que você esteja treinando. Estar presente para essas pessoas, da maneira mais inteira possível, é fator crítico. Isso significa estar consciente do humor delas, do que possa estar sucedendo na vida delas ou de quais são suas intenções ocultas subjacentes. Talvez essas pessoas tenham medo de você, por causa do poder que tem sobre elas. Se você for capaz de perceber isso, poderá ao menos agir com mais sensibilidade e solidariedade. Poderá detectar nessas pessoas sentimentos de raiva ou tristeza não relacionados com você ou com o trabalho, e isso o tornará mais alerta sobre como lidar com elas. Pesquisas da Psicologia acerca da meditação sugerem que meditadores têm elevada capacidade para leitura da comunicação não verbal. São mais conscientes dos reais sentimentos dos outros, dão-se conta do que as pessoas pensam por trás das aparências, do que elas procuram expressar por meio de expressões faciais ou linguagem corporal. Esses não são poderes psíquicos, mas uma percepção da realidade que surge por estarmos no *aqui* e *agora*. Contudo, quanta diferença isso faz para os relacionamentos humanos e para as oportunidades de se produzir bom trabalho!

12

Obstáculos e desafios

Antes de seguirmos adiante para examinar as diversas maneiras de entender a meditação, façamos uma revisão de algumas das perguntas que provavelmente fará, a certa altura, todo aquele que deseja desenvolver uma prática regular. Apresentaremos algumas das perguntas frequentes acerca dos desafios da meditação que podem ajudar a antever alguns dos obstáculos implicados na aprendizagem da arte.

O que eu deveria sentir?

Uma pergunta mais certeira seria: o que você *está* sentindo? Algumas vezes pode parecer uma escalada de montanha difícil, que não está produzindo os resultados que você espera. Outras vezes você experimentará paz e liberdade interior. E ainda outras vezes, você não sentirá nada definido. Esteja atento ao que sente, mas não dê muita importância a isso. Tal como lhe diria qualquer consultor financeiro, é preciso investir com fé e dar tempo ao tempo. Na verdade, eu acrescentaria: assim que você puder fazer isso com a meditação, você começará a sentir os benefícios e a ver os frutos. Em essência, a meditação não é instrumental, mas incondicional. As sensações podem variar, mesmo ao longo de uma única sessão. Você pode estar estressado e raivoso ao sentar-se, e de novo equilibrado e calmo ao levantar-se.

Preciso meditar duas vezes ao dia?

Deixo isso para que você descubra. O motivo dessa recomendação é o de que é natural iniciar e encerrar o dia com esses períodos dedicados ao ser, à quietude e ao silêncio. O da manhã prepara-nos para o dia que começa. O do final da tarde enseja-nos a soltar e processar o dia. A própria natureza revela esse ritmo: adormecer e despertar, repouso e atividade, noite e dia, estações do ano, ritmos do corpo. Perdemos a conexão com esses ritmos naturais, mas beneficiamo-nos com o alinhamento do corpo e da mente com eles, tanto quanto possível. A meditação ajuda-nos a fazer isso. No início, faça o que você puder: uma vez ao dia, um minuto ao dia, se é tudo o que lhe é possível. Comece com uma prática regular de algum tipo, e essa regularidade desencadeará ritmo e equilíbrio. Então, ainda que seja difícil de encaixar a segunda meditação, você perceberá a razão de ela fazer tanto sentido. Meditadores que perdem a sessão da manhã dão-se conta de como isso lhes afeta o dia. Com o tempo, sentem o mesmo quanto à do fim do dia. Porém, você não deve fazer disso uma questão de força de vontade. Procure ver o que está aprendendo com a prática que está dentro da sua possibilidade.

Por que preciso repetir a mesma palavra todas as vezes?

Ficar com a mesma palavra permite que ela vá mais facilmente da cabeça ao coração. Você será capaz de repeti-la, de ouvi-la, com menor esforço. Ela aprofunda raízes em você, e torna-se ligação direta com a paz e a felicidade que estão o tempo todo no centro do seu ser. Trata-se do que você na verdade é, e do que é capaz. Ainda não há pílula que possa permitir à verdade do seu ser vir à tona e acompanhá-lo ao longo do dia, mesmo quando você estiver agitado ou sob estresse. Ficar com a mesma palavra permite que ela mergulhe em sua consciência mais profunda e estabilize-o em todos os momentos.

Por que preciso repetir o mantra continuamente?

O mantra tem como propósito não apenas acalmar a mente, mas conduzi-lo além da mente autorreflexiva e autofixada. É um processo natural que para ser realizado demanda fidelidade e que, é claro, progride gradativamente. Assim, quando você sentir que a meditação o conduziu a um lugar de paz, de calma e bem-estar, há uma escolha a fazer. Você pode parar com o "trabalho" do mantra e ficar com o que sente ter alcançado, mas que logo começará a escorregar do controle do ego. Ou você pode continuar a repetir o mantra de maneira mais suave e sutil, ouvindo-o com cuidado, e desfrutará do momento sem interromper seu progresso.

Posso tentar outros tipos de meditação?

É claro que pode. Ninguém disse que essa é a única maneira de meditar. No entanto, se a meditação é mais bem entendida como relacionamento, chegará o momento em que você vai parar de testar o mercado e desejará estabelecer-se. Você desistirá do campo das variedades e encontrará o manancial inesgotável a que a unidirecionalidade conduz.

Preciso ler qualquer coisa?

Não leia demais acerca de meditação, mas deixe que o que você lê o ajude a manter-se focado na disciplina e aprofunde sua percepção do significado desse novo tipo de experiência. Ao final deste livro, sugiro alguns textos de sabedoria. Em geral, a leitura é boa se você a aprecia. De um ponto de vista cultural, em larga escala, perdemos a percepção da leitura como relaxamento e renovação, e a substituímos por assistir a filmes e vídeos. Seriados da Netflix tomaram o lugar dos romances. Leia pelo prazer e pelo discernimento mais profundos que isso lhe proporciona.

É melhor meditar a sós ou em grupo?

Algumas pessoas preferem uma coisa à outra. De fato, são dois lados de uma mesma moeda: solitude e comunidade. Na verdadeira solitude (ao meditar a sós), você dissipa o sentimento de solidão porque se dá conta de estar em comunhão. O mundo parece ser um local mais amigável depois da meditação. Na comunidade (ao meditar em grupo), você descobre que ainda tem de ser responsável, de modo solitário, pelo que está fazendo. Pessoas muito ocupadas, que passam tempo demais em contato com outras o dia todo, terão prazer na solitude da meditação a sós. Pessoas que se encontram pouco com outras terão prazer em reunir-se para meditar em grupo. Sugiro que você faça ambas as coisas e encontre o equilíbrio que mais lhe convier.

A meditação é uma prática espiritual? Não sou religioso.

Você não precisa ser adepto de nenhum sistema de crenças para experienciar a meditação como prática que inaugurará um novo sentido de plenitude, uma nova dimensão de vida – que você pode chamar de espiritual, se quiser. Para pessoas religiosas, a meditação pode ser a primeira descoberta do real significado da palavra "espiritual". Para pessoas "espiritualizadas, mas não religiosas", ela pode ajudá-las a ver o real significado dos símbolos religiosos. Religião sem espiritualidade é um campo árido e em geral tóxico. Espiritualidade sem religião pode ser subjetiva demais. Apenas mantenha a mente aberta para onde a meditação pode levá-lo e focalize a prática, não a teoria.

Quero meditar, mas não consigo fazer isso com regularidade

É comum suceder algo desse tipo com muitas coisas, não é mesmo? Boas intenções e desempenho fraco depois de 2 de janeiro: o motivo talvez seja você realmente não querer o bastante. Talvez você ache difícil confiar na meditação. Talvez ainda não esteja preparado para ela. Se você começa, para e depois se sente disposto a fazê-la de novo, não hesite em recomeçar. Ninguém está olhando para você, a não ser você mesmo. Um dia você pode surpreender-se por estar meditando com regularidade. Quando você volta para casa depois de passar a noite na cidade, ninguém o estará esperando para reprová-lo. Você será sempre muito bem acolhido, porque está retornando ao lar, um verdadeiro e amoroso lar.

Como manter a motivação?

Certa vez o Dalai Lama fez uma observação quanto ao visível envelhecimento de candidatos a presidência, ao longo da campanha. Eles perseguem seu objetivo de maneira inexorável. Ele disse que se as pessoas pudessem dedicar-se à meditação do mesmo modo, o mundo seria um lugar mais iluminado. A motivação não se origina da força de vontade, mas da autoconsciência. Assim, em primeiro lugar conheça-se melhor e aprenda com o que a meditação lhe ensina acerca de si mesmo. Em segundo lugar, medite regularmente com outras pessoas, mesmo que seja *on-line*, se não puder ir a um local de meditação em grupo. Em terceiro lugar, comece um grupo com o qual possa meditar.

13

A meditação na evolução humana

A meditação é uma sabedoria prática que nos ajuda a prestar atenção. Capacita-nos a manter o foco firme em alguma coisa – essa é outra maneira de descrever a aptidão para estar silente. Ela permite-nos integrar sabedoria na totalidade da nossa vida.

A fonte da sabedoria

A meditação desempenhou papel central na evolução humana. Ao longo de milênios, foi um caminho de sabedoria transmitido universalmente por meio de canais da religião e da espiritualidade. Ainda que com muito menos ênfase no aspecto da sabedoria, recentemente ela se tornou parte da moderna tradição secular e foi submetida a análises científicas. Quando meditamos, tornamo-nos parte consciente dessa tradição humana sempre em evolução. Outras pessoas, através da história, trilharam essa mesma jornada humana que seguimos em nossa meditação diária. À medida que aprendemos a meditar, unimo-nos a essa jornada coletiva em direção à sabedoria e à plenitude.

Certa vez uma criança me perguntou: "Quem inventou a meditação?" Essa pergunta atingiu-me como uma daquelas profundamente simples. Então, em poucas palavras, de onde vem a meditação e em que contextos ela foi transmitida? Onde está a nascente desse rio de consciência que tem significação tão maior que um mero relaxamento?

Ao ouvir o noticiário diário, damo-nos conta de que há uma desesperadora falta de sabedoria no mundo, e de que essa falta de sabedoria está aumentando o risco de uma catástrofe autoinduzida. As lideranças e a definição de políticas, inclusive nossas maneiras de lidar com conflitos e com a competição, estão desprovidas de sabedoria. Sem a sabedoria, processos desumanizantes assumem o controle e deixam-se de lado as qualidades da misericórdia e da compaixão. Os pobres e sem-teto, os refugiados e marginalizados rapidamente se tornam meras estatísticas ou ameaças à nossa segurança. Essa perda de humanização faz parte da crise moderna. É claro que o mundo jamais foi perfeito. Apesar do crescente contraste entre ricos e pobres, muitos foram elevados acima da linha da pobreza e fizemos progressos de diversas outras maneiras. Porém, o senso de sabedoria e sobretudo o contato com a sua fonte primordial, que desde os primórdios da nossa cultura constituíram um objetivo humano universal, está se enfraquecendo. Dignas de nota são as nossas tolices no que tange ao meio ambiente, mas também as nossas escolhas quanto ao estilo de vida, a nossa atitude quanto à saúde mental, a nossa relação com a internet e com os dispositivos digitais, a maneira como damos preferência ao virtual em vez do real.

Intuição racional

A sabedoria é um lago vivente, maior que a imaginação, abastecido por nascentes profundas e invisíveis. É calma e flui. A sabedoria está sempre à nossa disposição. Na verdade, até está dentro de nós.

Se experienciarmos o fato de que somos mais do que pensamos, então veremos que somos mais sábios do que pensávamos. Mas precisamos conectar-nos com a sabedoria conscientemente: de modo pessoal, bem como de modo coletivo, social, político e profissional. É por isso que, na comunidade global a que sirvo, atendemos a chamados do mundo secular e profissional, desenvolvemos maneiras de levar a meditação ao mundo das finanças e dos negócios, ao mundo da medicina, da educação e da ciência. Há uma crise de significado e de discernimento em todas as áreas da vida, e há uma necessidade desesperada da meditação como meio de reconexão com a sabedoria.

Que é sabedoria? É discernimento? É bom julgamento? Capacidade de aprender com a experiência e de aplicar o aprendido a novas circunstâncias? Clareza de pensamento e visão do contexto global? Você pode ser ao mesmo tempo sábio, preconceituoso e limitado? Sabedoria implica abertura para o panorama geral. A melhor maneira de descrever sabedoria talvez seja o *senso de totalidade*: a capacidade de ver o quadro inteiro, e nós mesmos como parte dele. É claro que ninguém é capaz de ver absolutamente o quadro todo, mas dele os sábios conseguem ver mais do que consegue o tolo, e os sábios também conhecem os limites de seu conhecimento. O lago da sabedoria é um modo racionalmente intuitivo de ver, de discernir, de refletir e de conhecer; e, também, de levar a vida prática. A superfície calma e cristalina de um lago reflete tudo o que está ao redor, assim como faz a mente sábia e transparente. Sabedoria não é conhecimento, no sentido de informação adquirida. Não é produzida por perícia ou técnica, nem delas depende.

A boa ciência é receptiva à sabedoria. Os cientistas não são apenas técnicos, mas pessoas que compreendem e que aspiram conscientemente a compreender melhor. Visam a ter o panorama completo e usam seus talentos especiais com esse único propósito. A sabedoria é humilde, porque reconhece os limites humanos. Permite-nos saber quando devemos dar o dia por encerrado, e quando priorizar o lado pessoal em vez do profissional. Permite-nos conviver com o desconhecido. Por exemplo, não fazemos a menor ideia do que consistem 98% da matéria do universo. Damos-lhes o nome de "matéria escura", porque quanto a isso estamos no escuro. Não é de se admirar que os cientistas tenham um senso de admiração. E são humildes, pois reconhecem os limites do seu conhecimento. A ciência é, em seu âmago, uma busca contemplativa, apesar de seus aspectos tecnológicos. Cientistas sábios são capazes de conviver com o silêncio que encontram enquanto continuam a explorar o desconhecido. Por meio dessa admiração exploratória e silente, fazem parte da tradição da sabedoria em evolução. E se isso é verdade para a ciência, é também verdade para as artes da administração, da economia e do comércio.

Interioridade

No que os historiadores chamam de Era Axial, há cerca de 2.500 anos, irrompeu uma assombrosa transformação da consciência na raça humana. Foi a época de Confúcio, de Lao Tze, do Buda, de Platão, dos Upanixades, dos profetas hebreus, de Zoroastro. Foi um maravilhoso desabrochar da sabedoria, que levou à formação das principais tradições religiosas, tais como as que conhecemos hoje.

O elemento comum que dirigiu essa evolução planetária da consciência foi a interioridade: o despertar para o mundo interior e a conexão entre o mundo interior e o exterior, em suas dimensões profundas. Em sua alegoria da caverna, Platão descreve a maneira pela qual as pessoas primeiro resistem a essa expansão da consciência. Em vez de olhar direto para a luz, preferem a familiar prisão das sombras projetadas por um fogo às suas costas, que elas não conseguem ver. Essa tensão contraditória da condição humana ainda está conosco; e hoje é particularmente desafiadora, uma vez que os riscos da sobrevivência são tão elevados. Não é algo abstrato; deparamos com isso dentro de nós à medida que aprendemos a meditar.

Alguns pensadores afirmam estarmos em outra era axial. É possível que a internet esteja criando um fenômeno sem precedentes, de uma consciência global única na história. Até aqui, não temos uma perspectiva histórica que nos permita afirmar, por exemplo, o que a Inteligência Artificial representará para a nossa evolução. No entanto, o atual momento parece ser um dos mais significativos do desenvolvimento humano: um momento de encerramento e, assim esperamos, de melhor início. Acredito na importância de vermos que a meditação é parte desse processo evolucionário. Os seres humanos podem ter conhecido e desfrutado, no passado, de coisas que perdemos com nossas conquistas e abundância, mas a busca pelo desenvolvimento pessoal consciente nunca foi tão difundida, e nunca foi tão difundido o interesse pela meditação, pela *atenção plena* e por muitas outras práticas. No coração de todas as grandes correntes de sabedoria que fluem a partir da fonte comum, do Oriente ao Ocidente, há um profundo núcleo de meditação. Porém, até este nosso tempo, a prática séria dessa disciplina se restringia a uma elite. A meditação foi democratizada.

Apenas conectar

A palavra "religião" tem origem em *religare*, que também nos dá a palavra "ligamento", o que conecta músculo e osso. Significa simplesmente reconectar, religar.

Assim, qualquer coisa que estabeleça uma ponte entre coisas que estão divididas é, na acepção mais pura da palavra, religiosa. A vida é religiosa, e não confessional, não meramente budista, cristã, judaica, hindu ou muçulmana. Religiosa não num sentido sectário, mas num sentido operacional. O cosmos e tudo o que sabemos acerca das formas de vida são uma questão de conexão. Antes de mais nada – tal como conscientemente se descobriu primeiro na Era Axial – precisamos estar conectados com o nosso ser.

Meu próprio centro religioso está na tradição cristã; foi nela, também, que aprendi a meditar. Aprendi e pratico a meditação como uma forma pura de prece, sem palavras, imagens ou conceitos. Porém, não estou aqui procurando impor isso a você, de modo algum. Todos podemos abordar a meditação, tal como afirmam as grandes tradições religiosas, como *experiência*. Podemos abordá-la como experiência pura. Esse é o significado do silêncio: experiência pura. Sem avaliá-la, sem dar-lhe nome, sem classificá-la, defini-la ou imaginá-la, meditamos receptivos a essa profunda dimensão de seu significado, apenas deixando-a ser o que é. A própria experiência conecta-nos, se a ela estivermos receptivos.

É disso que se trata a meditação. E, portanto, todos podemos compartilhá-la como algo universal. Creio que isso seja de grande relevância para o mundo de hoje, porque de uma maneira ou de outra – e certamente de múltiplas maneiras – precisamos encontrar nosso caminho de volta à fonte da sabedoria. No decorrer dos nossos trabalhos, aprendizagens, diversões e serviços junto aos outros, precisamos reconectar-nos com o que nos reconecta aos demais num campo que é comum a toda a humanidade. A meditação conecta.

14

A ciência na meditação

No capítulo anterior demos uma olhada no contexto histórico da meditação. Quis descrever como a meditação pertence a uma tradição de sabedoria humana universal.

Mente e matéria

Hoje, é claro, muitos se aproximam da meditação a partir de outra perspectiva; não a buscam como parte de uma tradição de sabedoria, mas o fazem com uma mentalidade secular, vendo-a como algo cientificamente testado. Essas abordagens não se contrapõem. São complementares, mas também distintas. Cada uma tem algo de singular a oferecer ao pleno entendimento do significado da meditação para o nosso tempo.

A primeira pesquisa científica moderna sobre meditação foi registrada em 1931. A ciência começou, então, a investigar como essa antiga sabedoria holística exerce impacto em nossa individualidade humana do ponto de vista psicológico, fisiológico e neurológico. Não estou certo de que essa abordagem possa produzir um entendimento direto do significado – a ciência trata mais do *como* do que do *porquê* – mas contribui de maneira importante para um panorama mais abrangente. Ela ajuda porque, como pessoas seculares e modernas que somos, acreditamos na validade do método científico às vezes com exclusividade demasiada. Ainda que não acreditemos que a ciência vá resolver todos os nossos problemas, ou mesmo que vá resolver mais problemas do que aqueles que cria, não podemos negar que ela é uma das principais fontes de conhecimento em geral e de nós mesmos. Abre novos horizontes e melhora a qualidade e a duração da vida. A tecnociência melhorou o mundo de inúmeras maneiras. Contribui para o entendimento do valor da meditação ao ilustrar (sem explicar) o que a plenitude significa em nível humano. A meditação revela a interface entre mente e matéria, corpo e espírito. Os benefícios mensuráveis da meditação são apenas a ponta de um *iceberg*. Os frutos da meditação são a dimensão de profundidade, ocultos à métrica do raciocínio, mas ambos fazem parte do quadro completo.

No campo médico há grande aceitação de que a meditação é benéfica para o sistema cardiovascular, para o coração e a pressão arterial. Sabemos que ela é benéfica ao sistema imunológico. É provável que também reduza o estresse: a prática da meditação reduz componentes como o cortisol, que "produz" o estresse. Numa análise clínica conduzida em Harvard acerca dos efeitos da meditação em um grupo de pessoas, com testes clínicos realizados ao longo de seis semanas, constatou-se que a matéria cinzenta do cérebro nos meditadores era mais espessa do que a das pessoas do grupo de controle. É certo que aqueles não eram meditadores perfeitos, pois *não existem* meditadores perfeitos. Devem ter experienciado o que todos experienciamos: distrações, momentos em que deixamos a peteca cair, em que paramos de tentar e escolhemos pôr os pés para cima em vez de sentar e meditar. Não obstante, o trabalho de silêncio ao longo daquelas seis semanas apresentou efeitos definidos e mensuráveis. O córtex pré-frontal, que controla a "função executiva" do cérebro, é a região onde se dão o julgamento racional e o pensamento claro.

É onde enxergamos as coisas como são, onde tomamos boas decisões e priorizamos as coisas certas. Essa é a região do cérebro que o meditador ilumina durante a prática da meditação.

Pesquisa sobre médicos que meditam

Nossa comunidade ajudou a gerir uma análise com duração de seis semanas, semelhante à mencionada acima, de médicos do atendimento emergencial do maior hospital da Irlanda. Eles representavam aquela parcela da profissão que apresenta os maiores níveis de *burnout*. Todos os resultados mostraram melhoria significativa nos níveis de *burnout*, nos padrões de sono e nos testes cardíacos.

Essa análise fez parte de um programa que temos realizado por vários anos em conjunto com o Royal College of Physicians of Ireland para a apresentação da meditação a um espectro abrangente de clínicos. O Dr. Barry White, médico responsável, está hoje implementando um sistema de saúde que incluirá a meditação como parte de uma filosofia de "medicina contemplativa".

A pesquisa médica é convincente. Com os modernos recursos de captação de imagens do cérebro, podemos ver diretamente como a meditação afeta os estados metais. Isso pode não solucionar a questão mente-cérebro, mas mostra o significado dessa questão. As pesquisas da Psicologia apontam para os benefícios da meditação no tratamento da depressão, em especial nos casos de "depressão dupla". A maioria das pessoas já passou por períodos de baixa autoestima, de pensamentos obscuros, de baixa energia, em que a vida fica coberta por um véu de tristeza. Em alguns casos, quando não há tratamento ou quando persiste, esse estado pode tornar-se mais complexo e levar a depressão mais séria, da qual não é fácil se libertar. Se for possível apresentar a meditação antes desse ponto, o problema pode ser controlado com muito mais facilidade. Por isso é tão importante apresentar a meditação às crianças, num período da vida em que as sementes de futuras desordens mentais começam a germinar. É uma intervenção que poupa sofrimento pessoal e custos com tratamentos de saúde. Os efeitos benéficos da meditação (e da *atenção plena*) são bem conhecidos e ainda estão sendo pesquisados. Um médico me disse que esse é o único campo da pesquisa médica que mostra não haver nenhum efeito colateral negativo. A única coisa que a meditação não faz (essa é a minha própria pesquisa pessoal dos últimos 30 anos) é acabar com a careca.

Contudo, não conheço ninguém que tenha perseverado na meditação apenas por causa de pesquisa científica. A experiência revelada pela meditação conduz o meditador a coisas mais profundas e desperta a pessoa, não a matéria da pesquisa. Talvez resultados mensuráveis semelhantes possam ser obtidos com mudanças para um estilo de vida equilibrado, com alimentação saudável, redução na ingestão de álcool, exercício físico e sono suficiente. Porém, a meditação faz sua diferença e indica significado mais profundo. É nesse significado mais profundo que se forma o bom trabalho.

15

Dois tipos de conhecimento

Somos capazes de dois tipos de conhecimento, fato que se reflete na estrutura física dos dois hemisférios do cérebro. Eles trabalham em conjunto, mas são duas maneiras muito diferentes de prestar atenção e, portanto, de conhecer o mundo.

Contemplação e ação

Para muitas pessoas, o primeiro aprendizado da meditação é um encontro com um modo de conhecer que não sabiam possuir, e que quase se constitui em um novo modo de ser. Um modo não conflita com o outro, mas, como um neurocientista contemporâneo afirma ao mencionar os dois hemisférios, "há um mundo inteiro de diferenças entre eles"[5].

As tradições espirituais e de sabedoria anteciparam-se de longa data às modernas descobertas da neurociência. Dois termos originados dessas tradições merecem nossa consideração. Primeiro, *contemplação*, que significa estar no momento presente, um estado de pura ação, em que você não tenta fazer nem controlar

5. Iain McGilchrist, *The master and his emissary: the divided brain and the making of the Western world*, Yale University Press, 2009.

nada, mas apenas estar desperto, por inteiro presente e conectado à realidade tal como ela é. O segundo termo é *ação*, que é qualquer movimentação deliberada da vontade ou do corpo, com intenção de modificar o que está ao redor. Em modo ativo, você não está apenas sendo, mas está também expressando a si mesmo, procurando influenciar os outros com o uso da linguagem ou de outros talentos. *Contemplação* e *ação*, como os dois hemisférios do cérebro, são maneiras diferentes de conhecer o mundo e de estar no mundo; elas se complementam. Se estiverem alinhadas, damo-nos conta de que a contemplação é pura ação e de que a ação pode ser ação contemplativa – que podemos chamar de "contemplação", pois é o estado ideal para que se produza o bom trabalho. Não há vida completamente contemplativa, nem completamente ativa. Há um ato de vontade na escolha de meditar e no sentar-se para isso. Meditação é contemplação. Integrar a meditação na vida cotidiana é harmonizar essas diferentes dimensões do ser humano. Essa combinação conduz a uma imensa expansão da consciência e a novos níveis de paz e contentamento.

A cultura ocidental é cética em relação a isso, e foi condicionada a priorizar a ação. Com frequência dizemos "precisamos fazer algo a esse respeito de imediato", ao passo que na cultura asiática as pessoas diriam "esperemos para ver". No *Tao Te Ching*, o grande texto taoísta, encontramos o princípio do *wu wei*, que pode ser traduzido como "não ação", mas que também é entendido como uma forma de ação altamente poderosa e decisiva. O que importa aqui não é resolver com o intelecto a aparente contradição, mas ver que as duas formas de ação – a ativa e a não ativa, a ação e a contemplação – estão entrelaçadas na pessoa equilibrada e calma.

Modelar o real

Na neurociência, o hemisfério esquerdo representa o lado ativo. Lida com a linguagem que define (a linguagem não poética), com a lógica, com planejamento e análise. É evidente na pessoa de ação, na pessoa executiva e prática. Esse hemisfério é culturalmente dominante em nossa sociedade. De longe é a ele que damos maior ênfase ao educar e infundir valores. O que quer que não se enquadre na missão desse hemisfério é relegado à margem, ao fim de semana, ou mesmo aos excêntricos representantes da contracultura (se é que ainda resta algum). Partimos do pressuposto de que o hemisfério esquerdo lida com fatos.

Na verdade, a neurociência demonstra que o hemisfério esquerdo do cérebro (da ação) lida com informações de segunda mão. O contato direto com os dados da experiência imediata está na esfera do hemisfério direito (do ser). Esses dados são transmitidos rapidamente ao hemisfério esquerdo, cujo ofício é construir modelos e gabaritos da realidade, da mesma maneira que fazemos análises e projetos. Ao olhar para o projeto de um edifício, você não pensa "este é o edifício", mas sim "este é o projeto de um edifício, uma ideia". É importante ter um projeto tão realista quanto possível, mas não se sente ainda a presença, a coisa real. Talvez possamos comparar isso a um encontro *on-line*; pode haver uma interação útil e significativa, mas não é a presença plena. Ainda não nos casamos *on-line*, nem damos à luz *on-line*. Em geral, pressupomos ser melhor um encontro pessoal para qualquer conversa séria ou complexa, ou para um evento muito significativo.

Podemos ficar apegados em demasia ao modelo da realidade que construímos, e que nos serve para dar explicações e fazer previsões. Investimos muito em planos de negócios e documentação de estratégias. Porém, também podemos resistir com força a quaisquer mudanças ou críticas a essa versão da realidade. Novas teorias podem enfrentar resistência dos cientistas à destituição das velhas, que serviram a seus propósitos, mas que precisam ser abandonadas à luz de novos *insights*. Então, todo o sistema cognitivo passa por um desequilíbrio. O termo intelectual para esse estado de autocontradição é dissonância cognitiva. Está presente, também, nos estados mentais que alimentam preconceitos raciais e fundamentalismo político ou religioso, que se autoconvencem e são resistentes a outros pontos de vista. É fácil para nós devotarmo-nos ao modelo e desprezarmos a realidade.

Pesquisas demonstram que quando o hemisfério esquerdo sequestra a maneira pela qual vemos o mundo, é difícil pedir desculpas e admitir o próprio erro. Sabemos agora que o hemisfério direito do cérebro (o contemplativo) não é marginal nem exótico. De um modo que não poderia ser mais factual, a neurologia demonstra que o hemisfério direito é o que está em contato mais próximo com a realidade. Ele está no constante e consciente *fluxo* das coisas, ao passo que seu parceiro esquerdo cria uma *fixidez*, uma imagem a partir dos dados fornecidos. Isso sugere que a mente contemplativa não está num nível de consciência abstrato, astral, mas ao contrário: é a melhor maneira que temos de ver as coisas como de fato são agora. Ela sabe de verdade o que está sucedendo.

Outra diferença pragmática entre essas duas maneiras de conhecer é que, quando o hemisfério esquerdo opera só, ele encontra dificuldade em conviver com a incerteza. Quer e está pronto para reivindicar a certeza que, como sabemos, é ilusão. Nada é certo. O que há são apenas padrões comprovados e fortes probabilidades. No entanto, o hemisfério direito é realista acerca da incerteza. Assim, com mais facilidade pode aprender e adaptar-se.

Dois tipos de atenção

Caso você tenha um problema no trabalho e queira resolvê-lo, você se dirigirá à pessoa que, na situação, possa dar-lhe informações em primeira mão.

Esse é o hemisfério direito. Em contato com a realidade imediata, a mais recente atualização, ele envia uma mensagem ao hemisfério esquerdo: "Estou ocupado na linha de frente, por favor processe isso para mim, crie um modelo e arquive-o para que possamos usá-lo mais tarde". O hemisfério esquerdo faz isso e envia o modelo de volta ao direito, para que este tenha algo com que trabalhar à medida que novas informações entrem em jogo. Porém, o que sistematicamente ocorre em nossa cultura e em muitas das organizações em que trabalhamos, é que os dados fluem da direita para a esquerda, mas ficam presos ali. O lado esquerdo não os deixa ir. Fica deslumbrado com seus programas de modelagem. Com efeito, reivindica a posição de chefe, e não de parceiro, no projeto de realismo da mente. Cada hemisfério especializa-se em uma maneira diferente de conhecer ao concentrar a atenção de certo jeito: uma maneira é mais abrangente e inclusiva, enquanto a outra é mais específica e detalhada. Ambas são necessárias. Nascemos com dois braços e um deles é dominante, mas precisamos dos dois. Temos dois olhos, e ambos são necessários para a visão em profundidade. Ambas as maneiras de atentar fazem parte de todos os movimentos da consciência, mas o hemisfério direito está na vanguarda: fica mais em contato com o aqui e o agora.

Por ter interesse correlato, permitam-me adicionar que essas distinções neurológicas sugerem um entendimento básico na filosofia: a diferença entre as vias *catafática* e *apofática* de conhecer a verdade, que correspondem respectivamente aos hemisférios esquerdo e direito. Na via catafática, usamos palavras, imagens e ideias. Todavia, por esses meios não podemos expressar toda a verdade; talvez seja por isso que Sócrates, Buda e Jesus nada escreveram para transmitir a sua visão da realidade. A abordagem apofática vai além da linguagem ou de modelos conceituais sem, contudo, prescindir deles; usa-os de maneira diferente – paradoxo ou poesia – e pode ir além deles por completo, no silêncio.

Esse equilíbrio é relevante para a maneira como vivemos e trabalhamos todos os dias. Alcançá-lo determinará que tipo de líder você é e que tipo de bom trabalho você produz. Não se trata apenas de neurociência ou filosofia, mas de todas as coisas. Por isso podemos falar de uma "abordagem contemplativa" em qualquer campo de atividade ou de conhecimento, da arquitetura à jardinagem.

Vocês podem ser arquitetos contemplativos. Podem ser policiais contemplativos, advogados contemplativos, médicos contemplativos, pais contemplativos. Isso não quer dizer que você sairá por aí parecendo um monge. Quer dizer que você está no momento presente, em contato com a realidade, em contínua atualização de seu modelo da realidade e maneira de ver as coisas. Assim, precisamos de equilíbrio entre os hemisférios direito e esquerdo, contemplação e ação, falar e silenciar, ser e fazer. A sabedoria respeita ambos os aspectos da consciência e percepção. Aprendemos a meditar para respeitar o modo como somos feitos.

O meditador novato logo se dá conta de que trabalhamos demais com o lado esquerdo do cérebro, tanto no nível pessoal quanto no organizacional, e de que essa é uma das razões pelas quais estamos tão estressados. As duas asas não estão alinhadas. A meditação regular é um ato de equilíbrio. Espero não ser fundamentalista acerca da meditação. Se você encontrar outra maneira de restaurar e manter o equilíbrio, tente-a. A meditação é a mais simples e barata que conheço. É claro que, ainda assim, ela tem um custo, como todo trabalho de atenção. Porém, compensa. Uma meditadora medieval assim a descreveu:

> Um estado de completa simplicidade cujo custo é nada menos que tudo[6].

Qualquer que seja o caminho a seguir, é importante que você seja fiel a ele; assim, ele o levará aos elementos essenciais da mente contemplativa, onde os dois hemisférios estão alinhados: silêncio, quietude e simplicidade.

6. Juliana de Norwich (1342-1416).

16

Vacuidade[7]

A ideia de vacuidade é um conceito poderoso em todas as tradições da sabedoria, bem como na ciência moderna. O "esvaziamento mental" não é a melhor forma de descrever a meditação, mas conduzirá à experiência da vacuidade em seu sentido mais pleno.

Por que vacuidade?

Por que vacuidade? Porque ela explica o caminho para a plenitude. No pensamento budista, a palavra *anatta* é traduzida por "vacuidade". Para Buda, uma das verdades essenciais da realidade é que todas as coisas são *vazias*. Na língua grega empregada na Bíblia, o termo é *kenosis*. Na sabedoria de Jesus, a frase "pobreza em espírito" capta esse significado e é dito que conduz ao estado de completa realização.

Vacuidade não significa nulidade, e pobreza não significa privação. Vacuidade significa que todas as coisas são *impermanentes* – isso ninguém pode negar – e, também, que nada é *independente*. Quem ou o que pode não estar conectado a uma infinidade de coisas para sobreviver? Todas as coisas estão em

7. Vacuidade como qualidade do vazio.

mudança, e o mundo é *inter*dependente. Isso descreve a natureza do mundo tal como o conhecemos, e nos fala de como temos de lidar com ele na vida pessoal, nos negócios e na política.

Pobreza em espírito é uma descrição de como você se comporta quando aceita essa verdade acerca da vacuidade. Não quer dizer que você não tenha nada, ou que lhe falte o necessário. Significa uma atitude de desapego em relação ao que você tem ou pensa ter. Olhe para a sua vida, e creio que verá que isso faz sentido. Todas as coisas estão fluindo, e somos mortais. Nós, como todas as coisas, somos interdependentes: "Nenhum homem é uma ilha"[8]. Se, fundamentados na experiência, tivermos um *insight* desses dois lados da verdade, ou seja, de que tudo é impermanente e interdependente (e a experiência da meditação leva-nos a esse *insight*), trabalharemos melhor com aquilo de que dispomos ou com aquilo que almejamos. Esse *insight* permite-nos observar os altos e baixos das organizações e modera a tendência que temos de nos identificar com nosso sucesso público. Se mantemos o correto equilíbrio entre empenho e desapego em relação àquilo com que nos comprometemos, podemos sobreviver às piores condições. Recentemente, reuni-me com amigos de um líder empresarial que estavam atordoados com o suicídio dele após ter sido deposto da presidência numa batalha em reunião de conselho. O desapego melhora a vida, e pode até salvá-la.

O líder vazio

No trabalho da meditação, conscientizamo-nos desses princípios de realidade não como ideias, mas como realidades da percepção que moldam nosso comportamento.

Por meio de *insights* experienciais, esses princípios se manifestam como modo de tomar decisões, de gerir relacionamentos e de lidar com dificuldades. Se você pensa que as coisas são permanentes e fica apegado demais à sua posição, isso se reflete

8. Do poeta inglês John Donne (1572-1631).

no seu estilo de liderança e de comportamento. Se *souber* que o poder, como todas as outras coisas, dura apenas um tempo, é mais provável que o exerça com sabedoria. Não se trata de ideias para negócios ou de segredos de sucesso, mas de *insights* pessoais que elevam a consciência e o nível de realidade em que você trabalha. Não passam a existir por meio do pensamento; surgem a partir da experiência da atenção silente e quieta que encontramos na meditação e que nos transforma – para melhor.

O desenvolvimento do *insight* dessas verdades – mesmo sem ter em conta seu significado mais abrangente – forma melhores líderes, vida mais equilibrada, bem como o bom trabalho realizado de modo a maximizar nosso potencial e beneficiar maior número de pessoas. O significado da experiência da meditação emergirá então praticamente sem esforço. Que estamos fazendo, ao repetir o mantra toda manhã e toda noite? O que esse deixar de lado os pensamentos faz por você? Esses são caminhos diretos para estados de vacuidade e de pobreza, dos quais surge o real enriquecimento e realização. Assim, enquanto vivemos com menos estresse, melhor humor e maior gentileza para com os demais, vamos também descobrindo a maravilhosa essência da realidade. O hemisfério direito entende isso melhor, mas nesse estado mental há uma feliz colaboração entre ambos os hemisférios. Somos mortais, impermanentes, incertos, partes mutuamente dependentes de uma rede de ser que está além da imaginação, e nada possuímos. Trata-se de outra maneira de ver as coisas e, segundo os padrões de obter sucesso a todo custo e liderança tirânica, pode parecer uma receita para o fracasso ou a mediocridade. Nada pode estar mais longe da verdade. A meditação permite-nos alinhar com a verdade das coisas e ser reais sem medo da realidade.

A consciência contemplativa traz essa vantagem. Por mais estranho que pareça, qualquer líder ou organização que cultive essa consciência (e não se faz necessário anunciá-la como "pobreza e vacuidade") prosperará e realizará seus objetivos. Nesse tipo de ambiente de não possessividade, de compartilhamento de ideias, de desapego aos impulsos pessoais do ego, de colaboração em vez de intimidação, tudo não funciona melhor? Há crescimento, não por decreto do conselho de administração, mas pelo cultivo de uma massa crítica de pessoas, na organização, que vivenciam isso dia após dia. A pobreza em espírito é boa para todos os relacionamentos, pois sem ela resvalamos para as tentativas de manipulação e controle. A vacuidade é boa para o trabalho.

Certa vez li uma coluna no caderno de negócios do *Times of India* que promovia essas ideias fazendo referência ao *Bhagavad Gita*[9], antiga escritura do hinduísmo clássico. O *Bhagavad Gita* incentiva-nos a trabalhar com toda a dedicação e a cumprir nosso dever, mas sem apego aos frutos de nossas ações. Faça o melhor que puder e, então, solte. Coloque todo o seu ser no que você estiver fazendo e, então, retire-se daquilo. O que resta é bom trabalho.

9. A tradução do título dessa escritura é Canção do Senhor.

17

Níveis de consciência

O mantra distrai? Você pode pensar que essa é uma pergunta estranha, pois falei do mantra como o caminho que nos leva além da distração. Porém, depois de algum tempo de prática de meditação, muitos fazem essa pergunta. Dizem eles: "Não seria mais fácil se eu não tivesse de repetir o mantra? Não poderia apenas repousar na quietude?"

Níveis de consciência

Caso você não repetisse o mantra e decidisse flutuar, para onde estaria indo? Para a frente ou para trás? Para que possamos entender que repetir o mantra sem cessar é a opção progressiva, precisamos levar em consideração um mapa da consciência. A partir da experiência de dormir e acordar todos os dias, de ficar sonolentos em uma reunião e de ter a vivacidade aguçada quando chocados com a ocorrência de algo inesperado, torna-se óbvio para nós que há diferentes níveis de consciência.

1

Primeiro, você repete o mantra no nível da consciência superficial. No início você pode pensar: "Bem, isso é fácil. Sempre desejei meditar e tudo o que tenho a fazer é repetir uma palavra quando quiser. Parece uma técnica fácil". Então, após alguns segundos, você se dá conta de que a mente salta como um macaco de galho em galho, cheia de pensamentos aleatórios, sentimentos mal definidos, restos de conversas, fantasias, trechos de pesadelos, projetos e ansiedades. Então, você percebe: "Na verdade, a repetição do mantra dá mais trabalho do que pensei. Preciso ficar retornando a ele, e constantemente me distraio". Você poderá concluir: "Não é o que eu esperava; queria algo agradável e fácil, relaxante – e instantâneo. Em vez de meditar, talvez eu devesse ir fazer ginástica, correr ou ouvir música..."

Assim, digamos que você realmente desista. Permanece o fato de que já vislumbrou algo novo, um nível de consciência com o qual não estava familiarizado antes. Você o tocou em sua primeira meditação, por mais falha que ela possa ter parecido. Você deu início a alguma percepção do que significa estar no momento presente, em vez de ficar sempre pulando entre passado e futuro. Pode ter sido apenas um instante, uma brevíssima tomada de consciência, mas você viu algo novo de que não se esquecerá. A maioria das pessoas desiste, em parte ou por completo. Fiz isso por alguns anos. Mas talvez depois de uns dias ou anos você se dê conta de que havia algo na meditação e pense: "Quem sabe eu deva tentar de novo?". Ou talvez você encontre uma amiga ou colega de trabalho que tenha continuado a meditar, e ache que ela parece estar um pouco mais calma e amável. Ela não fala muito acerca de meditação e, se a menciona, não o faz para convencê-lo, mas para dizer algo como: "Sim, eu medito, mas sou péssima meditadora". Aprendemos por imitação; não gostamos de pregações, nem de que nos digam o que devemos fazer. E assim, você recomeça.

O primeiro nível de consciência nesses estágios que estou aqui esboçando é a mente turbulenta e ruidosa que todos nós encontramos no início. Depararmos com ela torna-nos humildes. Por mais que você seja disciplinado e tenha sido bem-educado, será quase impossível manter-se focado no mantra. Porém, pela segunda, terceira ou décima vez que você reinicia a prática da meditação, você aceita esse estado mental como ponto de partida. Faz então o melhor que pode para realizar o bom trabalho de repetir o mantra e colocar de lado os pensamentos.

2

À medida que persevera em reiniciar, você passa a outro nível de consciência sem mesmo perceber. Há, agora, diferenças sutis em sua abordagem, em sua motivação: você está menos impaciente e com menor tendência a se autoavaliar; começa a sentir o que é meditação.

A passagem de um nível de consciência para outro é sutil, e só nos damos conta do ocorrido depois de algum tempo. De forma gradativa e suave, chegamos a esse segundo nível de consciência a que poderíamos denominar de disco rígido da psique. Absolutamente tudo o que já aconteceu conosco está ali gravado: eventos (de maior ou menor expressão), recordações (reais ou imaginárias), experiências (prazerosas ou dolorosas) que possam ter-se entrelaçado com momentos de perda, raiva ou medo. Com frequência, essas memórias estratificadas penetram-nos os sentidos, e podem ficar em parte armazenadas no próprio corpo.

Dez anos depois do falecimento da minha mãe, passei com um amigo em frente do local onde ela foi sepultada. Paramos para uma visita e prece junto à sua sepultura. Já uma década se passara desde a morte dela e, assim, eu não estava muito emotivo. Porém, tão logo cheguei à sepultura, uma enorme onda física de pesar apoderou-se de mim, tal como devo ter sentido no dia do enterro. Não durou muito. Não veio de fora. Era claro que aquilo estava em mim.

Todos têm em si essas forças do passado. Elas podem controlar-nos, sem que disso tenhamos consciência. É bom atenuá-las, para não sermos varridos a cada cinco minutos por todas essas emoções. Mas reprimi-las é perigoso; consome energia e restringe nossa liberdade. Essas forças precisam ser integradas, e às vezes é bom que venham à tona e que as encaremos de frente. A meditação contribuirá para solucioná-las e integrá-las. A maior parte desse trabalho se dará no nível inconsciente; assim, teremos apenas uma vaga percepção de que algo foi resolvido. Porém, às vezes, quando necessário, você se lembrará conscientemente do passado – talvez não durante a meditação, mas em seu pensamento cotidiano. E se perguntará: "Por que estou pensando sobre aquela pessoa ou aquele incidente, se isso ocorreu há anos?" Em geral isso não sucede de maneira dramática, e não há nada a temer. A meditação é natural, suave, e a disciplina que você adotará de fazê-la duas vezes ao dia é muito moderada. Ela desenvolverá um processo de cura em nós e, como resultado, seremos mais inteiros, mais livres, e teremos mais clareza.

3

À medida que você atravessa os níveis de consciência, perceberá que está repetindo o mantra de maneira mais sutil, com menos esforço.

No início, em meio à tormenta das distrações do primeiro nível, você *pronuncia* o mantra. (Resista à tentação de gritá-lo mentalmente!) No segundo nível, você percebe que o *ressoa*, e que ele se torna parte do seu ser. Talvez você note que ao esperar em uma fila qualquer, ao dirigir seu carro ou apenas ao olhar por uma janela, ele lhe vem à mente, de modo renovado e suave. Há, então, um terceiro nível. Nele encontramos a ideia de "eu", o sentido básico de nossa identidade distinta: o ego. É algo neutro, mas se parece com uma parede entre nós e todos os demais.

O ego é uma função saudável da psique. Começa a desenvolver-se por volta dos dois anos de idade, a fim de que nos diferenciemos e individuemos. Dá-nos a consciência de que não somos nossa mãe, pai, irmãos ou irmãs, nem nossos amigos ou colegas de classe. Uma identidade individual começa a formar-se por meio de um processo de separação. O ego é parte necessária do desenvolvimento da pessoa, mas também pode tornar-se uma prisão, constituída sobretudo das grades do medo e da raiva. Como toda separação é dolorosa, ele pode tornar-se fonte de dor e sofrimento – a dor é localizada, e o sofrimento é difuso. Ao trilhar a jornada da meditação, por fim, nos chocamos com essa parede de autoconsciência, que nos parece intransponível. Aproximamo-nos da fonte da consciência do ego, a ideia de "eu". Ela estará cercada de muitas recordações sensíveis e de camadas de defesa. A identidade do ego é como uma fronteira. Não deveríamos querer destruí-la, mas precisamos cruzá-la.

Que fazer nesse terceiro nível? É possível que nos sintamos inexplicavelmente bloqueados. Pode parecer que o mantra não nos esteja levando a lugar algum. Ao longo de séculos, o melhor conselho tem sido ficar nesse muro e continuar a repetir o mantra. Nesse ponto, permita-se *ouvi-lo* com maior delicadeza e brandura. À medida que o ouvir dessa maneira, você sentirá um ponto de fina precisão, uma atenção que é gentil, boa, sutil e amorosa.

Nesse ponto, o mantra poderá parecer-lhe distração – "se eu parasse de repeti-lo agora, minha meditação não seria mais fácil?" Todavia, é acima de tudo agora que você precisa ser fiel ao mantra. Como em qualquer caminho, você o segue até o fim; e ele o leva a momentos de profundo, ou mesmo de completo, silêncio. O mantra mostra quanta distração temos e com que facilidade nossa atenção divaga fora do foco. É possível que você queira esquivar-se dessa percepção, mas mantenha-se no rumo. A repetição do mantra é sempre o próximo passo no caminho.

Precisamos avançar através das distrações, quer elas sejam pensamentos do nível um, do tipo "que vou fazer hoje à noite?", quer sejam pensamentos do nível dois, do tipo "quão doloroso foi isso, será que eu o faria de novo?", ou mesmo do nível três, em que a distração não é recordação nem imagem, mas a superfície refletora da autoconsciência. Todos esses são níveis em que lidamos com a condição humana distraída. É bom saber como somos, qual é nossa natureza. Precisamos abraçar cada estágio, aceitá-lo. Não há via mais rápida do que a perseverança.

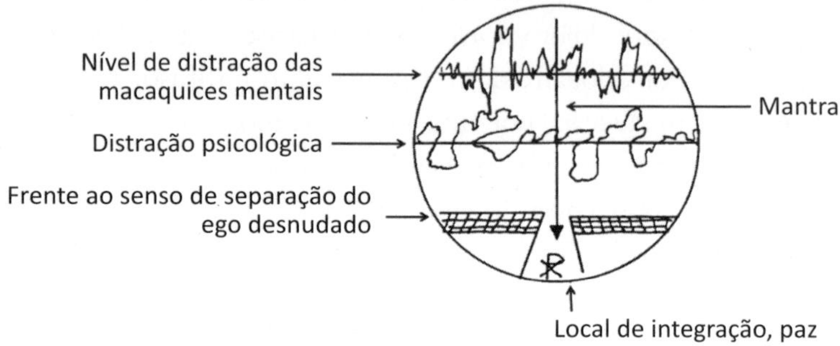

O mantra, em si, não é distração. Apenas parece ser, porque você está confrontando a natureza distraída da mente e preferiria não fazer isso. Quando você se dá conta de que *pode* e precisa encará-la, fica mais fácil de perceber por que o mantra é um caminho e, se quiser, o caminho à sua disposição. Você começará então a sentir que as distrações não são problema. Ainda estarão presentes, porém mais confinadas aos bastidores da mente e atrairão menos atenção. Em algumas ocasiões, transbordarão e o inundarão, e sua meditação será "horrível". Cada vez mais, porém, você descobrirá que permanecem no lugar delas enquanto você prossegue o trabalho cuidadoso e atento de repetir o mantra e retornar a ele logo que se distrai.

Nos primeiros estágios do aprendizado da meditação, algumas pessoas acham que vocalizar o mantra algumas vezes, ao início de cada sessão, talvez baixinho com a respiração, pode ajudar na largada, como ponto de partida. Em essência, porém, a meditação é um trabalho interior; portanto, repita o mantra silenciosa e interiormente, sem movimentar lábios ou língua. Trata-se de mergulhar mais fundo no trabalho da integração pessoal que leva à verdadeira transformação, tanto pessoal, quanto relacional. A integração progride à medida que você aprende a repetir o mantra com fidelidade e atenção.

Um dos aspectos fundamentais desse processo e da transformação que ele acarreta é um novo senso de identidade do que significa "interior" e "exterior". Como hoje damos excessiva ênfase ao lado esquerdo do cérebro, também estamos por demais focados em objetivos e eventos "externos". Mesmo em nosso mundo de fantasia, podemos estar voltados para fora em exagero, ao imaginar como as circunstâncias externas ou as pessoas poderiam melhorar. Esse desequilíbrio em prol da externalidade pode fazer com que de início a meditação nos pareça estranha e inusual, pois por meio dela nos encontramos com o mundo "interior". É um novo tipo de experiência. Você até pode sentir medo de não ser capaz de atuar no "mundo real", caso se torne pacífico demais e menos agressivo. Contudo, a experiência prova o contrário. Você não ficará mais introvertido, mas as dimensões interior e exterior da realidade se harmonizarão. Isso rapidamente reduz o estresse. Com a integração pessoal vem uma transformação libertadora. Onde quer que você estiver, se sentirá mais à vontade e confiante. A paz que tanto almejava lhe parecerá mais próxima, mais presente. Enquanto houver conflito e divisão entre o mundo interior e o exterior, estaremos em conflito conosco mesmos e sentiremos a ansiedade de estar separados da realidade.

Com o mantra nos distraímos das distrações, ainda que ele não seja em si uma distração. Ele seria uma distração se, por exemplo, você pensasse acerca de seu significado ou analisasse sua maneira de repeti-lo. O mantra iria então conduzi-lo ao interminável labirinto de pensamentos, em que um pensamento leva a outro. Na verdade, a beleza do mantra – sua radical simplicidade – é a de que ele é um ponto estável de pura atenção, que nos conscientiza de que não somos apenas o que pensamos.

Na matemática, um ponto tem "localização", mas não magnitude. Essa é uma maneira de entender o mantra. Ele posiciona-nos no momento presente, posiciona-nos na verdade, no verdadeiro eu. Mas não tem magnitude, ou seja, não pode ser mensurado ou tratado como um objeto, e não tem "conteúdo" ou bagagem. Ele é atenção pura. É o que é. No começo, a mente distraída pode ter forte resistência a isso. Vai protestar, porque a mente faminta quer ser constantemente alimentada.

Meditar é um processo de treinamento, e mesmo um jejum de pensamentos que fará com que todo o seu pensar fique mais claro e eficaz. Todos podemos meditar, simplesmente porque é para isso que fomos feitos. É o próximo passo do desenvolvimento humano, e não está além da nossa capacidade. Perceber a meditação como um contínuo processo de aprendizado irá ajudá-lo a conscientizar-se disso. E, não desista. Precisamos de incentivo e de apoio para perseverar em qualquer coisa. Meditar com um grupo de meditação proporciona um útil senso de companheirismo, e ali você também pode refletir com os demais acerca do caminho que estão seguindo. De todos os empreendimentos humanos, aprender a meditar é o mais interessante e compensador, porque nos ensina sobre nós mesmos e sobre o significado de ser parte do mundo. É necessário paciência para que esses frutos apareçam, mas isso passa a ocorrer assim que você começa a se comprometer. Treinar a mente, equilibrar a realidade interior e exterior, leva tempo. Mas vale a pena.

18

Distrações e autoconsciência

Recomendaria a todos que lessem, nos primeiros dias de aprendizado da meditação, o livrinho *Radical Simplicity* (*Simplicidade radical*) que é uma compilação de ensinamentos de John Main. Você pode consultá-lo a qualquer momento, em qualquer lugar, e sempre encontrará algo útil e incentivador.

Distrações: dentro e fora

Porém, nenhuma leitura, nenhum *podcast*, nada que alguém possa dizer-lhe substitui a própria meditação. A "experiência é o instrutor". O único propósito de ler ou de falar a esse respeito é ajudar a pessoa a retornar à prática, a aprofundá-la e a entendê-la melhor. Como a experiência nos ajuda a entender o que fazemos quando meditamos, ficamos mais comprometidos com ela. O mencionado livro de John Main contém uma seção voltada para um dos grandes problemas que todos enfrentamos na meditação. No início, esse problema pode parecer o maior de todos. Muita gente o considera insuperável, e por isso é levada a desistir da meditação. Já falei dele várias vezes: são as distrações. Procuremos entender a distração.

Quando pensamos na distração, primeiro jogamos a culpa em fatores externos: o barulho do tráfego da rua, a televisão do vizinho, o ar-condicionado ou pessoas que se mexem e tossem. Parece até que se pudéssemos eliminar todos os ruídos externos a meditação se tornaria fácil. Mas é claro que as distrações mais sérias estão na mente. Toda atividade mental – seja ela racional ou imaginativa, fantasiosa ou lógica, seja um planejamento ou a resolução de um problema, seja um temor ou uma recordação – pode ser chamada de *pensamentos*. São as ondas do oceano da consciência em nossa mente, algumas vezes ondas gigantescas da arrebentação, outras vezes marolas suaves, mas todas elas chegam à praia. Meditação não é o que você pensa. O trabalho é deixar de lado todos os pensamentos, todo tipo de atividade mental, e permanecer desperto enquanto você faz isso.

Egoísmo: a raiz da distração

A raiz de todos os pensamentos que nos distraem é a autoconsciência.

O propósito do mantra não é apenas acalmar a mente. De fato, ele faz com que a mente se acalme, e como consequência traz muitos benefícios; não preciso relacioná-los. Mas o propósito fundamental do mantra, na verdade, é levar-nos aonde estaremos plenamente despertos, conscientes e, no entanto, livres da autoconsciência, da autoanálise, do autojulgamento. Uma vez livres de pensar sobre nós mesmos, libertamo-nos do pensamento compulsivo, ficamos livres para pensar ou não pensar. Esse trabalho do mantra atinge então tudo o que colocamos no pacote denominado "ego". Compreender a distração e compreender o ego são, ambos, elementos importantes de uma mente saudável. Contribuem tanto para uma organização saudável quanto para uma vida pessoal saudável.

Como mencionei, o ego não é algo mau em si, desde que não esteja por demais inflado ou hipoativo, e desde que possamos usá-lo como trampolim, sem nos enredar no estado de egoísmo. Precisamos de um ego desenvolvido de maneira saudável, que nos sirva de modo a que nos tornemos o eu que verdadeiramente somos, e assim tenhamos relacionamentos éticos e bons. Mas o sensível, pobre e velho ego se torna um tirano com a maior facilidade e, às vezes, até mesmo um monstro. Pode até dominar-nos de modo imperceptível, tal como um ditador que pouco a pouco acumula poder. O ego colérico é aceitável em uma criança, pois vemos ali o surgimento de uma nova pessoa humana. Porém, não há nada mais feio ou mais hostil ao bom trabalho que um adulto egoísta.

O egoísmo dessas pessoas infiltra-se em todas as atividades, domina todas as conversas e mancha até mesmo empreendimentos que parecem altruístas e generosos. Nesse estado, o ego nos diz: "Sou uma pessoa realmente boa, generosa e atraente. Estou fazendo todas essas coisas boas. Quem quer que não veja isso e me aplauda é um inimigo a espalhar notícias falsas". A seguir, ele nos diz: "Sou não apenas bom; sou grande, o melhor. Todos os demais só estão com ciúmes. Quem quer que não me adule é meu inimigo". O ego, é claro, pode ser bem mais sutil que isso.

E há também outro tipo de egoísmo: o do ego que difama a si mesmo, que constantemente nos diminui, que nos dispõe à derrota e à autorrejeição e debilita toda a nossa autoconfiança. Algumas vezes, essas duas manifestações do egoísmo malsão formam uma aliança inconsciente, em que uma se esconde atrás da outra. Em qualquer dos casos, o ego demanda treinamento. Corrigir um ego disfuncional pode às vezes ser doloroso, mas meditação é terapia e não punição, é disciplina e não violência ou culpa. A meditação treina o ego ao retirar a atenção de nós mesmos por meio do mantra. Torna-nos mais saudáveis no relacionamento conosco mesmos, com os outros e com o trabalho que fazemos. Não funciona por passe de mágica, mas por meio da lógica interior da própria psique, e em harmonia com as forças da autocura e da autocorreção já presentes em nosso interior.

Simplicidade radical

A meditação alcança nossa bondade intrínseca e faz com que nos conscientizemos dela. Essa bondade, o "bom coração" de que nos fala o Dalai Lama[10], encontra-se em uma camada mais profunda que a do ego. Tem um nível de realidade mais elevado que o mais forte dos egos.

É por isso que retiramos a atenção de nós mesmos com o mantra, e ele ajuda-nos a ver a distinção prática entre *atenção plena* e meditação. *Atenção plena* é calmante e leva-nos ao passo seguinte, mas enquanto estamos nela a atenção permanece em nós mesmos. Em essência, é um *preparo* para a meditação. Porém, se dermos o passo seguinte – a meditação é o passo seguinte – e desenvolvermos o centramento no outro, descobriremos o bom coração. Uma autodescoberta desse tipo é profundamente transformadora. Modifica-nos de dentro para fora, e assim modifica a maneira pela qual transitamos em todos os nossos campos de relacionamento. Não apenas modifica o modo como sentimos ou desenvolvemos nossos estados mentais, um após outro. Representa um estágio de desenvolvimento e um novo modo de ver, outro nível de consciência. Modifica-nos de maneira profunda e permanente, porque o estado de centramento no outro abre a janela para a realidade absoluta. Trata-se de uma transformação que só pode ser alcançada por meio de uma simplicidade radical – e é por isso que deixamos de lado *todos* os pensamentos, inclusive os pensamentos acerca de nós mesmos, no bom trabalho do mantra.

No livro *Radical Simplicity*, John Main descreve isso da seguinte maneira:

> A maior de todas as distrações é a autoconsciência. Ela surge por causa da constante tendência que temos de olhar para nós mesmos. Mas, na meditação, o mantra expande nossa visão para além de nós.

---

10. Referência a *The good heart*, que é o título em inglês do livro de autoria de Sua Santidade, o Dalai Lama, que na versão brasileira recebeu o título de *O Dalai Lama fala de Jesus* (Rio de Janeiro: Fisus, 2000).

Ou seja, vemos todas as coisas a circundar o nosso "eu" até darmos um passo definitivo para mudar a direção da atenção. Ainda que haja uma resistência natural a esse passo, pouco tempo depois o vemos como a grande libertação do egoísmo.

A princípio pode parecer que estreitamos nosso campo de visão ao fazer esse trabalho da atenção, por enfocarmos uma coisa só, uma pequena tarefa repetitiva. Porém, o resultado desse enfoque da atenção é a expansão ilimitada dos nossos poderes de percepção, o que John Main chama de *visão*. Todos os outros tipos de distração são, até certo ponto, externos. A autoconsciência é "interna", ainda que muitas vezes sujeita a objetos externos.

> O poder da meditação é o de enfrentar as fontes de todas as distrações na raiz, e a raiz é a autoconsciência.

Assim, podemos dizer que a meditação é um caminho de simplicidade radical, de simplicidade na raiz, porque:

> Ao meditar, aprendemos a parar de pensar sobre nós mesmos e a seguir a jornada olhando adiante e mantendo-nos na jornada.

Pense nisso como uma jornada que você começa do início cada vez que se senta para meditar. Medito há muito tempo, e todas as vezes que o faço sinto que aprendo mais, e sem carregar bagagens do passado. Ser sempre um principiante na meditação pode parecer desencorajador, mas é o contrário. Faz com que as sessões de meditação sejam momentos de grande renovação, e alivia-nos a carga de manter o desempenho e ter sucesso. E mais: treina-nos a ter essa grande habilidade de *mente de principiante* em tudo o que fazemos – habilidade que é outro elemento essencial para o bom trabalho.

Começar sempre, essa é a natureza essencial da simplicidade. Estamos sempre aprendendo, sempre descobrindo algo novo, e assim são liberadas riquezas pessoais de profundidade e significado. É por isso que não deveríamos pensar na meditação como técnica a ser dominada. Se pensar dessa maneira, você acabará se atrapalhando e limitando o seu progresso. Encare-a como uma *jornada* em que você está sempre aprendendo, e você se ampliará. A *garantia* de permanecer na jornada, assim disse meu instrutor, é a de manter a repetição do mantra, retornar a ele sem cessar.

Esse é um caminho radicalmente simples. Não estou dizendo que seja o único caminho, nem que seja o melhor caminho para a plenitude, ou o caminho mais rápido para a paz, mas sim que é uma parte da tradição de sabedoria experimentada e testada ao longo de todo o tempo dos registros históricos de que temos conhecimento. Essa disciplina simples é atemporal e universal, ainda que cada um de nós se torne parte dela de maneira singular. Para o nosso mundo, hoje tão dividido, a meditação possui inestimável capacidade de unir pessoas de temperamentos e origens diversas. Os seres humanos são naturalmente gregários e tudo funciona melhor em comunidade, mas a comunidade se forma quando as pessoas conhecem a si mesmas e compartilham experiência e propósito comuns. De maneira poderosa, a meditação pode ser essa experiência comum.

A meditação forma líderes melhores. Líderes, por sua vez, são necessários para levar a meditação à comunidade do trabalho. Vejamos agora a conexão existente entre liderança e essa jornada interior à profundeza.

19

Liderança

Cada tipo de grupo organizado demanda liderança. No curso que ministramos sobre Meditação e Liderança na McDonough School of Business da Georgetown University (Escola de Negócios McDonough da Universidade de Georgetown), demonstramos acreditar que a meditação forma líderes melhores, e nesse processo aprendi um pouco sobre a teoria contemporânea de liderança. Permita-me descrever agora algumas ideias atuais e úteis sobre liderança, a fim de ajudá-lo a refletir, à luz da sua experiência, acerca do impacto da meditação sobre um ambiente profissional e acerca de como ela pode facilitar o bom trabalho.

Líderes humildes e compassivos

A primeira dessas ideias está em um artigo muito conhecido, "Liderança Nível 5", de Jim Collins (autor estadunidense de teorias da administração), publicado em 2001 na *Harvard Business Review*[11]. Há muitos tipos diferentes de líderes. O líder Nível 5 é aquele que une humildade pessoal com determinação clara, firme e profissional. Ou seja, é uma pessoa humilde que sabe o que

11. http://tiny.cc/Level5Leader (cf. tb. https://www.napratica.org.br/a-lideranca-nivel-5/).

quer e se dedica a consegui-lo, mas o faz em colaboração com os demais. Outra designação para o termo "humildade" é autoconhecimento, como já sugeri. A meditação é uma via rápida para a humildade. No início você pode sentir que ela de fato o humilha, pois nela você não está tendo o sucesso que acha que deveria ter e, de qualquer modo, você nem sabe o que vem a ser sucesso na meditação. Mas a meditação nos conduz a um tipo de humildade diferente da vergonha da humilhação. Na verdade, trata-se de um *insight* e conhecimento sobre nós mesmos realista, que vem com uma aceitação tanto das nossas falhas, quanto das nossas boas qualidades e potencial. A liderança Nível 5 baseia-se nesse senso de humildade combinado com clareza cristalina sobre o que você quer alcançar com o seu trabalho. Na meditação, há um desenvolvimento conjunto destas duas qualidades: humildade e clareza de propósito.

Outro artigo muito útil, de um periódico sobre gestão e espiritualidade, intitula-se *Organizational Compassion*[12] (Compaixão Organizacional). Descreve como um líder pode praticar a compaixão para com as pessoas que lidera, e também como pode incentivá-las a ter compaixão umas pelas outras. Não é possível falsificar a compaixão, e ela nem pode ser facilmente ensinada, por ser congênita à natureza humana e tão essencial à nossa integridade. Em uma pessoa normal, bem ajustada, a compaixão é a reação espontânea às pessoas carentes. Se você for você mesmo, não precisará *tentar* ser compassivo, porque a fraqueza da vulnerabilidade alheia evocará uma reação amável e generosa do núcleo de empatia que há em seu interior, onde você também é vulnerável e fraco a seu modo. De maneira paradoxal, essa compaixão que exercemos e que tem origem nesse ponto de fraqueza torna-nos mais fortes.

Outro artigo que você pode considerar útil trata de espiritualidade e liderança eficaz, e de como ela se relaciona com o crescimento

12. https://hbrbr.uol.com.br/a-compaixao-nas-empresas/

interior[13]. Espiritualidade significa abertura para o transcendente, o misterioso, mas com os pés no chão: vivenciamos a espiritualidade por meio do conhecimento de nós mesmos e do exercício desse autoconhecimento em nosso trabalho e relacionamentos. Como muitos de nós passam a maioria do tempo no trabalho, os relacionamentos profissionais são fonte integral de significado e crescimento pessoal ao longo da maior parte da nossa vida. Deixar de ver suas dimensões mais profundas e o que nos podem ensinar é lamentável perda de oportunidade.

Mais um artigo interessante é o que estuda o impacto das práticas meditativas na vida diária dos líderes do Vale do Silício[14]. Revela pesquisas extensas sobre a interação entre meditação, local de trabalho e liderança. Assim como a boa liderança, o bom trabalho precisa ser ajustado harmoniosa e ordenadamente para gerar produtividade, felicidade e bons relacionamentos.

Sabedoria monástica para líderes

A chave de tudo isso é também a chave para o aprendizado da meditação: gerenciamento do tempo. É para isso que os monges são treinados.

São Bento (cujo nome significa "abençoado", assim como o de Buda significa "desperto") foi um abade italiano do século VI que sabia muito sobre tempo e organização. Sua breve "Regra para Mosteiros" é o documento que, depois da Bíblia, teve a maior influência sobre a civilização ocidental. Não é um tratado abstrato, mas uma descrição detalhada de como equilibrar o dia de trabalho dentro dos ritmos naturais da vida, e de como gerenciar pessoas que compartilham os mesmos objetivos com você. Expressa um *insight* atemporal acerca da natureza humana e da organização social por

13. DELBECQ, Andre L. Spirituality and Leadership Effectiveness: Inner Growth Matters. In: GALLOS, Joan (org.). *Leadership: A Jossey-Bass Reader*. 2. ed. New York: John Wiley & Sons, 2008. Cap. 38, p. 485-503.

14. http://tiny.cc/svleaders

meio de instruções sobre assuntos como alimentos e bebidas, roupas e calçados dos monges, sobre o modo de lidar com conflitos, de realizar reuniões, de acolher hóspedes, de vender a produção do mosteiro. Defende que todas as coisas devam ser feitas "em boa ordem", de modo que os monges não se entristeçam. Posiciona o trabalho dentro da necessária harmonia da natureza humana. O trabalho é importante – a Regra diz que "o ócio é inimigo da alma". Porém, o trabalho não é tudo.

Devido à luz que lança sobre a natureza do bom trabalho e do senso de propósito e responsabilidade necessários para atingi-lo, a Regra é hoje leitura frequente de líderes, gerentes e professores de escolas de administração. Quando S. Bento falava de trabalho, referia-se no início ao trabalho manual, mas mais tarde o trabalho intelectual e empreendedor do monaquismo deu imensa contribuição à sociedade. Ao longo do milênio em que, sobretudo na Europa, os mosteiros tanto influenciaram a agricultura, a economia, a educação, a medicina e o governo, o trabalho dos monges no campo levou-os a disseminar a alfabetização e a administrar interesses públicos e a diplomacia.

Ao promover o trabalho e o crescimento pessoal, e desencorajar a preguiça e o egocentrismo, S. Bento esperava que os monges se mantivessem ocupados na maior parte do tempo em que não estivessem em repouso. Mas entendia que o trabalho precisava ser diversificado – deveríamos produzir bom trabalho física, intelectual e espiritualmente. Se não houver equilíbrio, o trabalho se torna estressante, improdutivo e compulsivo. Quando me tornei monge beneditino, gostava do ritmo das preces diárias e sazonais, do trabalho manual e do estudo. Porém, fiquei surpreso em ver como era possível, mesmo para os que tinham desistido das ambições de uma carreira mundana (a menos que você acalentasse o sonho de se tornar abade), lutarem para conquistar feudos para si na escola do mosteiro, em projetos externos ou nas tarefas domésticas do mosteiro. O trabalho tem essa tendência de se tornar compulsivo, de se tornar uma fuga ao desafio humano de chegar à plenitude. Na Regra,

Bento destila a sabedoria de toda uma vida no que tange a manter, com estável flexibilidade, o equilíbrio necessário para a felicidade e o desenvolvimento humanos. É uma sabedoria que vai ao coração do bom gerenciamento organizacional, do cuidado prudente para com os indivíduos ao seu redor e da visão geral do objetivo de tudo isso.

Trinta anos depois, a sabedoria de Bento ajuda-me diariamente como inspiração orientadora para uma vida que, é claro, pode desequilibrar-se, mas que pode sempre reinicializar-se por meio dos hábitos de valores fundamentais. Em nossa comunidade global de meditação há oblatos beneditinos, homens e mulheres, jovens e idosos, de todas as esferas, que não são monges, mas adotam a Regra como guia prático da vida no lar e no ambiente de trabalho. Você não precisa ser oblato para ser meditador, mas qualquer meditador se envolve com a sabedoria fundamental da Regra à medida que vê como a meditação toca todos os aspectos da sua vida. De maneira prática e simples, por meio da sessão de meditação da manhã e a da tarde, a harmonia retorna à mais desordenada das vidas e destila sabedoria cotidiana, fazendo de cada dia um aprendizado.

Dois elementos essenciais da liderança

Sempre que apresento a meditação a alunos de MBA, a líderes empresariais ou a grupos de profissionais, vejo como a sabedoria prática dessa antiga Regra se combina com os frutos adicionais da meditação para a transformação de problemas individuais e organizacionais em oportunidades de mudanças. Quando nos tornamos mais humanos, encontramos novas maneiras de produzir bom trabalho.

A liderança é indispensável na organização humana. Culturalmente, novas formas de liderança refletem as mudanças que ocorrem na sociedade e a atual imagem do eu. Porém, os elementos essenciais da liderança são atemporais. Estão descritos no segundo capítulo da Regra, que trata do "tipo de pessoa que o abade deveria ser". O abade é o "presidente executivo" da comunidade monástica, com responsabilidade geral por tudo, exercida por meio de ampla delegação. A lista das qualidades que se esperam dele é assustadora, e alguns tipos de líder – tais como o que resolve tudo sozinho ou o dos tempos de guerra – encontrariam dificuldades em praticá-las ou mantê-las. O abade, segundo Bento, lidera por meio de consulta e delegação para evitar estressar-se pessoalmente ou cair na armadilha do labirinto das minúcias administrativas. No trato com as pessoas, ele precisa adaptar seu estilo à personalidade daquele com quem está lidando: o forte, o fraco, o ferido. Estende às pessoas várias segundas oportunidades, mas não deixa impune a repetição de um mau comportamento. E, caso todos os recursos falhem, pode expulsá-las. A sabedoria de Bento acerca do abade encontra eco junto a meus alunos do MBA[15]. Eles veem que vale a pena enfrentar o desafio de se tornarem líderes dessa magnitude. Isso demanda um tipo de resiliência e vigilância que a meditação fortalece. Num mesmo dia você precisa transitar por todo um espectro de lideranças adaptadas a diferentes condições. São lideranças que vão desde a de um duro capataz que define objetivos e evita favoritismos até a de um ser humano compassivo que por um momento deixa os alvos de lado para fazer-se presente a outrem e proteger os valores da comunidade, a de um professor consciente da próxima geração que irá substitui-lo, e a de um visionário que injeta ânimo nos demais e lembra a todos do porquê de estarem ali.

O primeiro ponto em que Bento insiste acerca do abade é que ele precisa lembrar-se de quem é. Isso inclui um senso de responsabilidade, distinto do poder que ele exerce sobre os outros ou das regalias que o poder traz. É responsabilidade pelo bem dos outros, pela prosperidade da comunidade e pela boa ordem. Essa liderança sempre consciente gera bom trabalho em toda a comunidade ou organização. Não nos esqueçamos da história de sucesso econômico do monaquismo. Os monges tampouco deveriam esquecer-se dos perigos que o sucesso e o aplauso trazem à sua vida espiritual. Líderes pouco conscientes, enevoados pelo

15. O texto completo da "Regra de São Bento" está disponível no seguinte *link*: www.asg.org.br/images/saoBento/RegraSB.pdf

egoísmo, geram má administração e pessoas tristes que se tornam problemas, com dificuldade de colaborar, desmotivadas, incapazes de fazer aquele bom trabalho que extrai o que elas têm de melhor e que é benéfico aos outros.

O segundo ponto tratado por Bento acerca do abade é que ele deve ser um líder obediente. O abade ensina pelo exemplo, não apenas pelo comando, porque ele também é seguidor da regra comum, junto a toda a comunidade. No entanto, a Regra de São Bento não é apenas um livro de regras normal. É uma Regra cheia de exceções. Por exemplo, ele diz que os monges não deveriam beber vinho, mas "como em nossos tempos não se pode persuadir os monges disso" eles deveriam beber com moderação, e limitar-se a uma "hêmina" ao dia (ninguém sabe quanto é uma hêmina). Ou ele diz que os monges deveriam ficar em silêncio depois da prece da noite. Porém, caso chegue um hóspede, este deve ser acolhido e tratado com toda a cortesia. A Regra é uma obra-prima de firmeza flexível; as exceções confirmam a regra. Os valores essenciais e os princípios de ação estão claros, mas ela evita qualquer tom de fundamentalismo ou de severidade. Sua mansidão assegura a boa ordem e gera o bom trabalho.

Qualidades do abade

Na Regra, os únicos elementos que se contrapõem de modo categórico ao capitalismo moderno são os que se referem à proibição de os monges terem qualquer propriedade privada, e ao requisito de que os mosteiros vendam sua produção e artesanato a preços ligeiramente inferiores aos do mercado.

Monges não precisam de propriedade privada, e sua segurança material está assegurada desde que a comunidade se mantenha sustentável. Quanto à questão da venda de sua produção, posso citar ao menos um mosteiro que mostrou o bom senso de ser flexível. Um mosteiro belga produzia, a cada semana, uma quantidade limitada de cerveja especial que era toda vendida de imediato, e assim mantinham a solvência de sua comunidade. Quando precisaram construir uma nova igreja, foram aconselhados a aumentar a produção. Assim o fizeram, e passaram a vender a cerveja em larga escala nos supermercados ao mesmo preço modesto. Em alguns meses, foram gerados todos os fundos necessários. Tão logo alcançaram sua meta, os monges reduziram a produção aos níveis originais. O sucesso não os corrompeu.

O abade exerce liderança em ambas as linhas de frente, a espiritual e a material, de maneira a servir, e não a dominar. A ele não se permite tirania, e, caso tente exercê-la, pode ser removido. O abade não pode criar leis básicas sem antes consultar um conselho interno. São Bento exige que para as decisões principais ele consulte a comunidade toda, inclusive os membros mais novos, porque "Deus com frequência revela aos jovens o que é melhor".

Como costuma acontecer a todo líder quando do início de sua função, o abade sente-se nervoso e inseguro. Poder e responsabilidade são acompanhados de uma forma especial de solidão. Responder de maneira humana e sábia a todas as reações e aspirações das pessoas que você lidera é tão importante quanto oferecer-lhes metas e mantê-las focadas. São Bento faz dessa adaptabilidade aos diversos tipos de ego algo central para a liderança abacial. Em qualquer equipe empresarial ou comunitária haverá pessoas inteligentes e motivadas, e outras mais lentas e queixosas; algumas terão egos ambiciosos, e algumas serão frágeis e se sentirão vitimadas; trabalhar com algumas será uma alegria, enquanto outras causam conflitos. São Bento diz que o abade não deve ter favoritos, ainda que possa promover alguns por mérito – um discernimento difícil.

Como qualquer pessoa que ocupe o posto mais alto, o abade tem responsabilidade geral não apenas pela disposição de ânimo e pelo bom gerenciamento da comunidade, mas também pela saúde financeira e pelo relacionamento dela com o mundo exterior. Precisa manter-se constantemente atento a mudanças e compreender o que é importante para a comunidade. Qualquer abade dirá que quando ele se ausenta demais as coisas se desmantelam e o estado de ânimo declina. Bento insiste para que o segundo na escala de comando, o prior, seja indicado pelo abade. Isso deve ser assim porque um conflito entre eles causaria divisão em toda a comunidade. Os aspectos comunitários, individuais, organizacionais e comerciais do mosteiro necessitam de aferição e ajuste contínuos, e o abade é a alavanca que controla a ação das forças. Bento sabe e adverte que é muito fácil o abade ver-se sobrecarregado pelas demandas do ofício e por assuntos de ordem material de seu posto, de modo que "jamais terá um momento de descanso". Isso ocorrerá, caso ele mesmo se esqueça do equilíbrio que a Regra provê ao gerenciamento do tempo: mente, corpo e espírito. Em latim isso é *labor* (trabalho) e *oratio* (oração), que formam a célebre frase que descreve a vida beneditina: "*ora et labora*".

Ora et labora

Se deixarmos de lado as associações religiosas exteriores que se possam estabelecer com essa palavra, que dispara alarmes na mente ocidental secularizada, creio ser útil dizer que o elemento faltante em grande parte da vida moderna seja a prece.

Por "prece" não me refiro a formas verbais ou mentais de se dirigir a um ser divino, nem mesmo a um pensar enquadrado por um sistema de crenças. Não me refiro a pedir a Deus que nos tire de um buraco ou a dizer a Deus quão divino Ele é, nem sequer me refiro a pensar em Deus. Refiro-me ao que os primeiros monges da minha tradição chamavam de "prece pura", o que por vezes os levava a ter problemas com autoridades religiosas menos contemplativas. Eles se referiam a um trabalho interior da atenção, uma atenção destituída de objeto conceitual ou imaginativo: um estado natural do ser, de plena harmonia e pleno despertar, um estado mais profundo que o pensamento ou a imaginação. A pureza desse estado, em que integramos coração e mente, que são os dois centros da atenção consciente, é fonte de alegria e renovação. Uma vez que você perceba isso, poderá ver como a meditação no ambiente de trabalho e na vida pessoal de líderes oferece meios para a construção de *laboratórios* harmoniosos e produtivos de bom trabalho.

Laboratório é uma combinação dos dois termos do latim: *labor* (trabalho) e *oratio* (oração). Soube que há um jogo de tabuleiro popular chamado "*Ora et Labora*", com duração média de três horas, e que lida com os desafios do gerenciamento de um mosteiro medieval. O jogo pode ajudar, mas ler o curto texto da Regra de São Bento leva menos tempo. Sua sabedoria prática e modesta, e sua moderação racional tiveram imensa influência na civilização ocidental e ainda orientam a vida de muitos, tanto no mundo quanto em mosteiros e em comunidades leigas. Diga-se, de passagem, que os primeiros monges eram pessoas leigas. A sabedoria da Regra acerca da natureza humana, dos relacionamentos, do significado e sua compreensão da disciplina e da autoridade baseiam-se numa estrutura harmoniosa da vida cotidiana, equilibrada no que tange às três dimensões da natureza humana – corpo, mente e espírito – e ao mundo natural.

Equilíbrio

Para São Bento, a pessoa humana é uma síntese do que é material, psicológico e transcendente ou integrativo. Cada uma dessas dimensões tem requisitos específicos. Porém, não podem ser separadas umas das outras sem com isso causar desajustes no sistema humano como um todo e no ambiente que habitamos e com que interagimos. Esse equilíbrio essencial perdeu-se de modo acentuado na vida moderna, e dispendemos muito do nosso tempo na reparação dos danos causados por essa ruptura. Daí, o trabalho perde rapidamente seu propósito e torna-se compulsivo, autocentrado e, portanto, menos bom. O sintoma mais evidente disso é o nosso nível de estresse, desnecessariamente alto, e uma ansiedade indefinida com resultante senso de isolamento da profunda *integralidade* que a tudo permeia e à qual todos recorremos para o equilíbrio e a felicidade. Com essa falta, o significado da vida perde-se por completo. Sucesso em um campo traduz-se então em fracasso nos outros. Para manter o equilíbrio, precisamos de sabedoria prática e de autodisciplina, de modo a dedicar o tempo e a atenção necessários a cada uma das dimensões da vida: do trabalho, do conteúdo mental e das coisas imensuráveis, tais como o amor ou a alegria. Penso que, ao reservar dois períodos de meditação de cerca de 20 minutos cada, toda manhã e toda noite, haverá grandes avanços no sentido de restaurar esse equilíbrio essencial.

Espero que o que venho dizendo acerca da meditação seja útil para que você veja que reservar esse tempo diário para o silêncio e a quietude ajuda a desenvolver as melhores condições para a manutenção daquela harmonia pessoal, sem a qual todo tipo de trabalho humano degenera. Meditação não é mágica – e é, em si mesma, uma forma de trabalho – mas é uma via direta para a boa saúde, a bondade essencial da natureza humana, e para o bom trabalho.

O primeiro passo é reservar um tempo para meditar. Para o caso de você estar pensando que é fácil para um monge dizer isso, mas que não é tão prático para as pessoas do mundo real realizá-lo, apresentarei na segunda parte deste livro algumas outras vozes do mundo dos negócios que dizem a mesma coisa a partir de diferentes pontos de vista.

20

Integridade e valores

O objetivo deste livro é ajudar as pessoas a introduzir e a integrar a prática da meditação na vida diária. Ele não apresenta uma fórmula mágica, mas sim uma maneira de praticar simples e exequível tanto por crianças, quanto por presidentes de empresas, por profissionais, por dependentes químicos em recuperação e por pessoas marginalizadas. Fará mais sentido se você já tiver algum apreço pela simplicidade e se for aquele tipo de pessoa que prefere colocar a teoria em prática em vez de fazer especulações sem fim.

Responsabilidade

Pedi a você que pensasse sobre o significado disso para a qualidade da sua vida e do seu trabalho, bem como sobre o efeito que poderia ter no trabalho com colegas e subalternos. Também refleti sobre a maneira pela qual essa mente contemplativa desenvolvida pela meditação regular nutre um estilo contemporâneo de liderança que não se exerce apenas de cima para baixo, pois liderança (como São Bento a entendia) também funciona horizontalmente. Passaremos agora para a conexão existente entre meditação e boa liderança. Sem esse bom trabalho, os valores ficam à deriva.

Há muitos tipos de líderes, pois é líder qualquer pessoa que aceite responsabilidade. Pode ser a responsabilidade da limpeza do escritório, de esvaziar os cestos de lixo e lavar as xícaras de café. Para que essas tarefas sejam um "bom trabalho", é preciso certo nível de liderança, colaboração e gerenciamento eficiente. A liderança em níveis mais holísticos de uma organização é mais complexa que nesse tipo de tarefas, e abarca encargos pessoais adicionais; por isso, tradicionalmente aufere remuneração mais alta. Mas junto a essa participação na complexidade do todo vem o perigo de separar as tarefas do propósito e dos valores da vida real. Níveis mais altos de responsabilidade e de tomada de decisões podem isolar o líder nos momentos em que ele mais precisa de apoio e de valer-se de seus recursos interiores, por isso a solitude da liderança precisa ser gerenciada. Nem todos são talhados para a liderança mais alta, mas alguns a ambicionam. No entanto, responsabilidade é mais importante que ambição pessoal, pois aquelas decisões importantes afetam centenas de vidas, indivíduos desconhecidos, famílias, carreiras e perspectivas.

Quanto mais elevado o nível de liderança em uma organização complexa, maior a demanda pela simplicidade e humildade encontradas na meditação.

A ética da liderança

Assim, precisamos olhar para o relacionamento entre a experiência diária da meditação – estar aqui e agora no momento presente – e os aspectos éticos da liderança. É nesse relacionamento que nasce o bom trabalho.

O elemento-chave é a integridade. Pesquisas recentes acerca de comportamento antiético em instituições financeiras e bancos sugerem que muitos dos que agiram de maneira antiética o fizeram não tanto por ganância ou malícia, mas por medo. Seu bom juízo e senso natural de justiça foram arruinados por causa de estresse e ansiedade insuportáveis. Por se sentirem obrigados a cumprir metas e prazos irrealistas, o medo do fracasso e da vergonha levou-os a tomar atalhos e a confundir os parâmetros da verdade. E é fácil que isso vá bem rápido de mal a pior. Nas célebres palavras de Sir Walter Scott[16]:

> Oh, quão emaranhada é a teia que tecemos
> Quando antes praticamos o engano!

Tão logo você comece a contar mentiras e a persuadir outras pessoas a segui-lo, a situação se deteriora. Integridade nas empresas e no comportamento corporativo, liderança ética e negócios responsáveis, tudo isso tem origem na integridade do líder como indivíduo.

No mapeamento da meditação e dos níveis de consciência que atravessamos há diretrizes para a manutenção e avaliação da integridade em situações complexas de ansiedade. Em certa medida, atravessamos todos esses níveis cada vez que meditamos, e é isso que desenvolve um autoconhecimento mais completo, com autoaceitação realista. Passamos a saber quem de fato somos e como funcionamos. Isso é básico para a integridade pessoal. O mapa é útil, também, para a visão da jornada a longo prazo. Lembre-se: no primeiro nível, somos a todo momento interrompidos por pensamentos e planos. Perseveramos e, então, pelo contínuo retorno ao mantra, vamos para o segundo nível de consciência, nossa base de dados psicológica ou disco rígido de armazenamento de memórias, emoções e experiências profundas que só nós podemos entender. Assim que estivermos familiarizados com isso, passamos para o terceiro nível: o da fonte do ego, o senso de separação. É como um bloqueio. Trata-se de algo muito pessoal, mas todos o temos praticamente do mesmo modo; podemos identificar o ego onde quer que ele se manifeste, por ser parte tão integrante da condição humana. O ego é fator de peso em todas as coisas, e pode induzir-nos ao erro de maneira perigosa, romper com gravidade a base ética do que fazemos. Pode tornar ruim o bom trabalho.

16. Sir Walter Scott (1771-1832), poeta escocês, considerado o verdadeiro criador do gênero romance histórico.

Na meditação você se defrontará com a fonte do que John Main chama de consciência de si mesmo. O objetivo da repetição do mantra é nos libertarmos do hábito autorreferente dessa consciência em que estamos com constante foco em nós, tendentes a ficar insensíveis aos demais e até mesmo a vê-los como meras forças a serem manipuladas em prol de nossos próprios objetivos. Essa é a razão de eu ter falado acerca do líder não egoísta, e dos líderes como servidores do bem comum. O egoísmo descontrolado não conduz à felicidade nem ao bom trabalho. Se estivermos por demais focados em nós mesmos, perderemos a integridade, o senso de que pertencemos a um todo.

O próximo passo diz respeito a nada menos que o significado da vida. Caso aprendamos como desviar a atenção de nós mesmos e assim a viver com integridade, seremos conduzidos aos mais profundos frutos da meditação, que estão além da autoconsciência. Daremo-nos conta de algo além do ego, algo que tem muitos nomes e que não pode ser nomeado. Permitam-me descrevê-lo como simples *bondade*. É nada menos que nossa própria bondade essencial, a fonte de toda a plenitude e vivência ética. Não se trata apenas de ideias e crenças. Nem apenas de regras e regulamentos, ou de uma ideologia, teologia ou filosofia. Em essência, trata-se de *experiência*. Por ser uma experiência tão transformadora, é difícil permitir-lhe entrar em nosso universo pessoal. É estranho que expor nossa bondade essencial seja tão problemático. Por que o consideramos difícil? Esse é um mistério que não exploraremos a fundo aqui. Talvez seja porque, quando éramos altamente impressionáveis, ouvíamos com frequência que não éramos bons, espertos, atraentes ou valorosos, e essa visão negativa de nós mesmos tenha passado a ser nosso padrão. As primeiras influências que moldam o sentimento de autorrejeição ou baixa autoestima são muito numerosas, e em geral estão distantes demais para serem identificadas.

Porém, a meditação abre caminho em meio a todas elas. A meditação não é solução para todos os nossos problemas. Se antes de meditar você estava passando por uma crise no casamento ou se tinha uma dívida, essas situações continuarão ali quando o temporizador marcar o final da sessão, para serem enfrentadas depois da meditação. Porém, você estará em uma posição diferente para olhar e lidar com esses problemas. A meditação tampouco é um atalho; mas é um caminho direto. Não há soluções mágicas nem atalhos para quaisquer processos orgânicos e naturais como a meditação. Contudo, há novas percepções e caminhos diretos para a experiência da bondade humana essencial, que começam com a descoberta da nossa própria bondade. O comportamento ético tem início com o conhecimento dessa bondade essencial da nossa natureza.

Quando a bondade essencial se revela, ocorre uma grande expansão da mente e do coração. O bom líder, ou qualquer boa pessoa, é alguém que está tão enraizado nessa dimensão profunda de si mesmo, nessa sua própria bondade, que tem crédito para centrar-se no outro. Isso significa enxergar a si mesmo no outro e o outro em si mesmo. É o fundamento da regra de ouro universal: fazer aos demais o que gostaria que fizessem a você. É uma percepção experiencial da totalidade, da interdependência, e essa é a base sustentável da integridade e do comportamento ético.

Valores: os frutos da meditação

Indivíduos como esses, quando líderes, transformam organizações. Possuem um autoconhecimento autoconfiante, que lhes permite prestar atenção aos demais. Quer o outro seja o faxineiro do escritório, o diretor financeiro ou um cliente, quer seja um novo candidato ou um membro desobediente da equipe, você pode dar atenção a ele, estar presente, ouvi-lo, trabalhar com ele, ser paciente, desafiá-lo ou talvez dispensá-lo de maneira humana.

Não aprendemos esses talentos intuitivos em cursos ou livros, mas a partir da experiência e do autoconhecimento. Podemos exercitar os talentos práticos com os quais os talentos intuitivos podem ser mais bem empregados. Essencialmente, a pessoa que tem integridade presta a devida atenção a todos, e essa bondade humana, simples e justa, é o firme fundamento de toda boa liderança e de todo bom trabalho.

É dessa profunda experiência pessoal da bondade que derivam os valores, sejam eles pessoais ou empresariais. Podemos recitar listas intermináveis de valores. Para provar esse argumento, entregamos a nossos estudantes de MBA uma lista com mais de 400 valores: transparência, diversidade, seriedade, responsabilidade social, compaixão e assim por diante. Isso fornece combustível para o idealismo, ou para ações politicamente corretas. Porém, os verdadeiros valores com que você pauta sua vida e trabalho surgem na prática. São testados e priorizados nas circunstâncias cambiantes da vida, quando então fica claro se são genuínos ou se devem ser suspensos por terem ficado inconvenientes.

A meditação ensina-nos o valor da fidelidade para com o verdadeiro eu e para com os compromissos da vida. Ao nos ancorar cada vez mais firmemente na experiência da bondade essencial, ela traz os valores interiores da quietude, do silêncio e da simplicidade às qualidades com que vivemos, ou seja, ao que permeia o nosso comportamento, motivação e interação. Então, nossos valores sociais e profissionais tornam-se normas incorporadas, sustentadas pela indiscutível prova da nossa própria experiência e autoconhecimento. Não apenas passamos a ser menos capazes de agir de maneira hipócrita, mas ficaremos menos tentados a isso.

Valores são vitais para todo o nosso mundo, seja ele privado ou profissional, e para a decência com que fazemos negócios e lidamos com leis, finanças e política num mundo globalizado. Boas empresas ganham reputação de integridade quando seus líderes dão testemunho dela, e quando as decisões são tomadas de acordo com os valores a que se propõem. E, como se essas razões já não fossem suficientes, pesquisas indicam ainda que empresas éticas são mais felizes e, a longo prazo, mais sustentáveis e bem-sucedidas.

Tornarmo-nos mais humanos

Por quê? Por causa da confiança. A base de todos os relacionamentos humanos, mesmo a dos relacionamentos empresariais, é a confiança. Todavia, estamos hoje em um momento de crise cultural em que até esse componente básico da sociedade humana vem sendo questionado. Um amigo advogado disse-me que se você levar alguém aos tribunais por ter sido ludibriado por ele e disser: "acreditei nessa pessoa e ela me enganou", a outra parte poderá alegar: "bem, foi sua a falha em dar-me crédito; foi você que se dispôs a isso". Que mundo terrível esse, em que selva pudemos nos transformar, onde a confiança, elemento humano básico, passou a ser encarada como fraqueza ou responsabilidade legal em vez de ser o fator que nos une e que faz relacionamentos funcionarem!

Pela experiência da nossa bondade humana essencial, passa a haver comportamento mais humano e respeitoso. A meditação não nos torna perfeitos, e tampouco resolve todos os nossos problemas, mas faz de nós pessoas mais decentes e consistentes. Não somos máquinas, nem licitudes, nem realizações humanas. Somos *seres* humanos. O hemisfério esquerdo do cérebro constrói um modelo mecânico do universo que é útil, mas que ainda não é a realidade. Os algoritmos funcionam, mas não substituem a intuição, a espontaneidade e o lado bom do risco. O lugar do bom trabalho é mais que o de uma fábrica ou produção. Trata-se de um trabalho em comunidade, de uma assembleia de seres humanos com diferentes talentos, a demandar cuidado e atenção contínuos.

O mais tolo dos seres humanos tem valor maior que a mais sofisticada inteligência artificial. O sistema humano não é mecânico, ainda que possua partes móveis. A operação de máquinas pode ser suspensa, embora elas consumam energia quando pausadas. Porém, não somos máquinas, e meditar não é só acionar o botão de pausa. O humano pode silenciar, pode passar por níveis de consciência que máquinas não têm como perceber. A vida humana é uma jornada, muito mais profunda que qualquer coisa passível de mensuração ou registro, rumo à fonte viva da bondade essencial da humanidade.

O olhar que lançamos ao mundo por meio da mídia é mais fragmentado e incompleto do que possa parecer. O mundo virtual pode levar-nos a duvidar de que os humanos sejam essencialmente bons, sobretudo quando vemos o que fazem uns aos outros, quando vemos sua falsidade e estupidez congênitas. Precisamos tirar os olhos das telas, para colocá-los nos das pessoas com quem vivemos e trabalhamos. O reconhecimento direto da bondade da natureza humana dá início e sustentação ao bom trabalho, à boa organização e à vida boa e equilibrada. Isso é o que chamo de integridade. Trata-se de a plenitude pessoal abrir-nos à transformação e ao enriquecimento de toda possível expressão do relacionamento humano.

Amor, a palavra final

Gostaria de terminar com o óbvio fundamento de todo bom trabalho: a centralidade do amor.

Vivemos em um mundo que mercantiliza o "amor" quase por inteiro em termos românticos, emocionais ou eróticos. Maravilhosamente, ele tem sim todos esses aspectos. Porém, o amor é mais que isso, sempre mais do que poderíamos explicar. Platão sabia disso quando descreveu o amor como uma ascese que vai do que há de mais físico à mais universal percepção da beleza. Uma dessas formas de amor, dizia ele, é o amor ao nosso país, o verdadeiro patriotismo, não o nacionalismo combativo que hoje cresce no mundo.

Quando conheci o Sr. Lee Kuan Yew, o fundador de Cingapura, depois que ele havia começado a meditar tarde em sua vida, compreendi que todas as suas conquistas fluíam do seu amor por Cingapura. Ele tinha sido um político duro, resistente e determinado, mas construiu uma das sociedades menos corruptas do mundo. Seu amor pelo país era pragmático e patriótico, não do tipo "Cingapura em primeiro lugar", mas do tipo "estar com Cingapura", "liderar Cingapura", "ajudar Cingapura". Esse caso de amor apaixonado pelo país não diminuiu o amor que ele tinha pela esposa, família e amigos. Quando o amor começa a crescer, ele se dirige a uma parte da vida. Depois ele se expande e integra todas as coisas que toca. Por fim, manifesta-se de maneira ilimitada. A boa liderança é um desses frutos do amor. Os bons líderes lideram com amor. Amam seu trabalho, e se amamos o que fazemos, esse será um bom trabalho e servirá de inspiração para que outros também produzam bom trabalho. Em todas as suas formas, a essência do amor é pura atenção dirigida ao outro.

Maquiavel pensava que, para um líder, melhor seria ser temido que amado. Esse é o modo pelo qual tiranos e ditadores operam – pelo medo – e em algum momento eles em geral acabam por destruir-se. Infelizmente, em geral também arruínam muitos outros. Líderes como esses costumam tornar-se prisioneiros da própria paranoia. Nem prestam mais atenção; colocam todos os que os rodeiam sob vigilância. A alternativa para o governo pelo medo é a liderança com amor.

O amor pode ser duro, difícil. O amor é lúcido. O amor é honesto, e por isso pode às vezes ferir. Porém, sempre significa centrar-se no outro, por fazer-nos voltar a atenção aos demais. Assim, depois de falar da meditação de vários pontos de vista, deixo aqui uma perspectiva final sobre a experiência que a sua prática lhe abrirá: a de que ela é o bom trabalho do amor. A meditação fará muitas coisas por você. Será benéfica para a sua pressão arterial e sistema imunológico, reduzirá o estresse, controlará a raiva e a dependência, e o ajudará a dormir melhor. Ela fará de você uma pessoa mais pacífica, paciente e alegre. A meditação leva-nos a todos esses frutos e benefícios positivos. Porém, a coisa mais importante que ela faz é tornar-nos mais amorosos.

Tenho um amigo médico que na maior parte de sua carreira trabalhou com atendimento paliativo a pacientes terminais. Ele me disse jamais ter ouvido alguém, no leito de morte, dizer que queria ter despendido mais do seu tempo no escritório. Quando chegam a encarar, como todos faremos, o caráter imediato e inescapável do horizonte final e o significado último da vida, muitos se perguntam: "Amei suficientemente bem? Permiti-me ser amado pelas pessoas que deveria ter amado? Há ainda como fazer isso? Dá tempo?" No estágio final da vida, muitas pessoas querem sanar seus relacionamentos, até mesmo com os que já morreram antes delas. Por que não dar início a esse processo mais cedo? Por que deixar de ver agora que o valor essencial da vida, o núcleo de nossa bondade essencial e o parâmetro para avaliar nosso trabalho e legado é a nossa capacidade de amar?

Caso você esteja começando a praticar a meditação, não pense nisso como uma técnica a ser dominada, mas como um relacionamento em crescimento, um trabalho de amor. É provável que você esteja acostumado a fazer acordos e a barganhar. Assim, aqui vai uma proposta final: se a meditação não fizer de você uma pessoa mais amorosa, devolveremos o que pagou pelo livro, mas não antes de você meditar por 20 anos! Vamos combinar de você começar a meditar agora, e começar novamente se vier a desistir. Faça um acordo inicial com você mesmo por três meses, mas que seja incondicional, isento de constantes autoavaliações. Confie. Empenhe-se nisso. E, ao final dos três meses, ficarei surpreso se você não ratificar esse acordo para o resto da vida.

21

Leitura para a jornada

A melhor maneira de aprender a meditar é meditar. Porém, boa leitura e boa companhia para a jornada podem ajudar enormemente.

Muitas pessoas iniciam e encerram cada sessão de meditação com uma leitura breve. Incentivo-o a desenvolver seu próprio ritual no que se refere à meditação. O local de quietude, a postura ereta, a maneira de temporizar a sessão, e talvez uma breve leitura, tudo isso o ajudará a manter a prática. Você poderia começar com uma curta antologia de John Main, p. ex. *Radical Simplicity*[17].

Para a conexão com a tradição de sabedoria universal da qual ele mesmo fazia parte, eu recomendaria também quatro livrinhos, que podem ser encontrados com facilidade na maioria das livrarias de grandes aeroportos. Você pode andar sempre com um deles no bolso ou bolsa. Como vêm de épocas e culturas diferentes, cada um o ajudará de uma maneira diferente a ganhar maior consciência do panorama geral, do significado na experiência. Três deles são clássicos da espiritualidade que passei a amar e a consultar com frequência em busca de inspiração, encorajamento

17. Disponível neste link: http://tiny.cc/RadSimplicity

e, por vezes, consolação. Podem ser lidos inúmeras vezes, e ainda assim serão sempre novos.

O primeiro é o *Tao Te Ching*, de Lao-Tsé. O nome do autor quer dizer "velho mestre", e suas raízes se perdem na poeira do tempo, com uma sabedoria que vai além da personalidade, da maneira como a entendemos. Trata-se de um dos livros mais traduzidos da literatura mundial. Sua sabedoria perene, que fundamenta o taoísmo, influenciou muitas outras tradições. Uma tradução possível de seu título é "o livro do caminho da integridade".

Minha segunda sugestão é o *Bhagavad Gita*, curto e profundo texto indiano acerca de *Karma Yoga*, que entende que a vida gira em torno da ação, e que todo bom trabalho, bem feito, abre-nos para o significado maior da vida. Ele nos ensina a fazer o trabalho sem apego a seus frutos. Há nele um belo verso acerca da meditação: "Feliz é a pessoa que encontrou seu trabalho. Feliz é a pessoa que encontrou o trabalho do silêncio e sabe que silêncio é trabalho".

Outro livrinho é o clássico texto budista, o *Dhammapada*, enriquecedora e inesgotável coleção de dizeres do Buda, que enfoca o caminho do meio, a compaixão, e o caminho do amor que prevalece sobre o ódio e o medo.

E, por fim, o livro dos Evangelhos, também curta coletânea de textos acerca dos ensinamentos de Jesus e da vida pela qual ele encarnou os ensinamentos, que transcenderam sua morte. Eles se baseiam no ápice da simplicidade:

> Amai-vos uns aos outros, assim como eu vos amei.

Esses são quatro textos de enorme importância, que fazem parte do banco de sabedoria da humanidade. Com certeza, você pode considerar outros textos inspiradores, talvez os poemas sufis de Rumi, ou os haicais do Zen, ou as histórias dos Padres do Deserto. Sugiro que forme uma pequena coleção pessoal de livros para ler e reler. Os livros importantes de sua vida você não apenas os lê, mas os relê sempre. É provável que você leia relatórios empresariais apenas uma vez, se tanto. Já os livros importantes você os relê, e deles se lembra de cor.

Esses livrinhos ou outros similares carregam uma sabedoria desproporcional ao seu tamanho. Lembram-nos de que o pequeno é belo. Volte a eles com frequência, tal como a bons amigos, pois lhe serão fiéis e incansáveis companheiros no caminho. Iluminarão e apoiarão sua jornada de meditação. À medida que você os lê e à medida que a meditação passa a integrar sua vida, você passará a dizer cada vez mais "ah, é esse o significado", e tal reconhecimento virá da sua própria experiência.

22

Conclusão

A meditação é uma jornada solitária na qual descobrimos que solitude significa reconhecer e aceitar nossa singularidade – algo nada fácil de fazer.

Transformação pessoal e empresarial

Isso significa que estamos em contato com nosso verdadeiro eu, e não com nossa persona, tal como a imaginamos ou projetamos fora. A descoberta surpreendente é que pela solitude melhoramos nossa capacidade para relacionamentos reais e transformadores em todos os níveis: o pessoal, o nível de intimidade com amigos e família, colegas e estranhos ou com pessoas do outro lado do mundo, com quem jamais nos encontraremos em carne e osso, mas com quem compartilhamos um lugar na grande rede de ser. A meditação é uma prática solitária: não posso meditar *por* você, e você não pode meditar *por* mim. Todavia, nem por isso deixa de ser uma jornada comunitária que afeta os relacionamentos que formam grupos, organizações, empresas, nações e sociedades.

Isso é sabedoria antiga. Ainda assim, estamos fazendo importante redescoberta no século XXI, que revela mais do que ainda podemos imaginar acerca do poder que a meditação tem de nos transformar, do ponto de vista pessoal e empresarial. Em um mundo que, apesar das forças da globalização e por causa delas, parece cada vez mais dividido, precisamos recuperar com urgência nossa percepção de pontos em comum e de unidade. Podemos meditar juntos, sem que importem diferenças culturais, de língua, educação, fé ou crença, experiência ou idade. Podemos meditar *juntos*. Essa é uma maneira radicalmente simples e *humana* de nos reunirmos. Transcende a tecnologia e demonstra o real significado do humano, com tanta frequência perdido na cultura tecno-científica. Sana relacionamentos interrompidos e confere profundidade à verdadeira natureza de todo relacionamento humano. Certa vez uma menininha me disse que meditava em casa. Perguntei quando, e ela me disse: "sempre que brigo com meu irmão".

Essa afirmação – de que na meditação experienciamos a verdadeira natureza do relacionamento humano – se tornará mais clara quando você começar a aprender a meditar. Para muitos que não têm essa experiência, tal afirmação não faz o menor sentido. "A meditação afeta somente a minha pressão arterial, o meu estresse, apenas me acalma. Nada tem a ver com qualquer outra pessoa. Os demais podem beneficiar-se por eu me tornar uma pessoa mais agradável, mas a meditação não afeta o relacionamento em si". Todavia, a experiência, que de fato é a melhor prova, demonstra que isso não é a verdade. Uma vez despertada a experiência, seu significado virá. A flor desse processo será o bom trabalho. Será uma experiência, pessoal e coletiva, que vale a pena explorar e compartilhar como empresa, como colegas que poderão viver e trabalhar juntos por grande parte da vida.

Uma vez iniciado esse processo transformador, precisamos de apoio e incentivo. Isso flui diretamente da própria comunidade criada pela meditação. Nunca meditamos sozinhos. Nem podemos trilhar a jornada apenas com nossos recursos. Ninguém é uma ilha. O compartilhamento de nossas carências e a ajuda de uns aos outros são qualidades humanas fundamentais. As mídias sociais de hoje geraram uma cultura de individualismo e solidão. Mas a percepção de isolamento, por mais dolorosa que seja, é em essência ilusória. A meditação fará face a esse mal-estar cultural se for incentivada, ensinada e compartilhada em empresas e instituições em que pessoas trabalham juntas. Boas companhias geram bom trabalho.

O trabalho e a vida são inseparáveis. Juntos, revelam o significado da condição humana. Sempre que o trabalho perde sua âncora na bondade humana, ele passa a ser causa de grande tristeza, porque então os trabalhadores esquecem da sua própria bondade essencial. Quando nos conscientizamos desse estado infeliz, começamos a buscar alguma maneira de recuperar a dimensão humana que a tecnologia bruta, a ganância e a distração nos fizeram perder. A meditação enfrenta essa experiência e a reverte, sanando-a de modos sutis e surpreendentes.

Por mais numerosos que sejam os projetos de pesquisa, os exames de ressonância magnética e os experimentos neurológicos feitos com a meditação, jamais compreenderemos de fato como ela opera; e, do mesmo modo, o ser humano será sempre um mistério. Até o final dos tempos, continuaremos a descobrir novas profundezas e dimensões acerca da nossa própria natureza e da nossa relação com o cosmos. Em sua simplicidade, a meditação toca de modo direto no que é ser humano.

Deixe-me oferecer aqui uma resposta ao que alguns dos leitores poderão estar sentindo: "Não posso meditar. Parece-me maravilhoso, e talvez eu devesse fazê-lo ou gostasse de fazê-lo, mas comigo não vai funcionar". Minha resposta tem dois aspectos: primeiro, continue tentando. Todos sentem que não são bons meditadores até se darem conta de que não se trata de conseguir boa avaliação, mas de fazer o melhor possível. Em segundo lugar, eu diria: pouco importa e não se sinta mal se você não se vê capaz de meditar. Persevere, espere para ver. Aprenda com o que ela realmente lhe ensina, o que poderá tornar-se mais claro a partir de outras pessoas, do que pela sua própria autoanálise.

Para as empresas e instituições, o aspecto mais valioso da meditação não é que ela reduz o cortisol e controla, assim, o estresse – e ela o faz – mas que ela nos reumaniza. É por isso que você pode ver o efeito da meditação nos relacionamentos entre colegas de uma equipe de trabalho ou entre crianças de uma sala de aula.

O que é ser humano? É não explorar, nem apenas sobreviver ou ter sucesso a qualquer custo. Ser humano é muito mais que isso. É ver-se no outro, e ver o outro em si mesmo. Então, podemos ser colaborativos, dar e receber, demonstrar compaixão, perdoar, ensinar e aprender, deixar fluir e seguir adiante; podemos imaginar novos horizontes, restaurar laços de confiança rompidos e descobrir a energia do amor como a fonte comum do significado humano. E a meditação é marcador significativo para essa evolução da consciência.

Não seria maravilhoso que, à medida que passamos para a próxima era da longa jornada humana, pudéssemos desenvolver empresas, hospitais, escolas e instituições sociais em que a influência da meditação entrasse de maneira benéfica e transformadora em toda a vida da comunidade, por esses caminhos humanizadores e doadores de vida? Se isso há de ocorrer, começa com você e comigo, todos os dias.

Segunda Parte:
Outras vozes sobre o bom trabalho e a meditação

Seção A: do mundo empresarial

Nesta seção, meditadores do mundo dos negócios ou das finanças falam sobre o que aprenderam acerca da natureza do bom trabalho por meio da própria experiência da meditação.

23

Sobre a meditação

RAY DALIO
em conversa com Laurence Freeman

A primeira das "outras vozes" mencionadas no título desta parte do livro é a de Ray Dalio, fundador e diretor de investimentos da Bridgewater Associates. Ele conquistou sucesso pessoal marcante, sem perder seu equilíbrio pessoal e o interesse por outras pessoas. Essa foi uma conversa que tive com ele em nome dos estudantes de uma turma do MBA da Georgetown University.[18]

Laurence Freeman (LF): *Ray, você já medita há muito tempo; há quanto tempo?*

Ray Dalio (RD): Há 42 anos.

(LF): *Que fez com que você começasse?*

(RD): Os Beatles. Quando os Beatles começaram a meditar, eles chamaram a atenção para isso. Tive curiosidade, e pensei que deveria tentar. Isso mudou minha vida. Foi o que mais influenciou em qualquer sucesso que eu possa ter tido na vida.

18. O vídeo dessa conversa está disponível *on-line* no seguinte *link*: vimeo.com/88253319.

(LF): *Bem, você se lembra de como lhe pareceram ser as primeiras semanas, ou os primeiros meses?*

(RD): Sim, lembro-me de lutar com isso. Lembro-me de que começava com o mantra e os pensamentos retornavam e ficavam ali, indo e voltando. Mas, à medida que aquilo foi melhorando e que me aprofundava, os pensamentos passavam a ter maior valor, a ser mais sedutores. Ter tais pensamentos, em especial, era uma tentação mesmo, pois eu não queria perder aquelas ideias. Então eu soube que tinha de me livrar deles, o que foi muito difícil. Porém, depois de algum tempo, lembro-me de que desapareceram. E isso foi uma grande coisa.

(LF): *Quais foram os primeiros benefícios que você encontrou na prática da meditação, à medida que desenvolvia o hábito, à medida que ele se tornava parte da sua vida?*

(RD): Bem, os primeiros benefícios incluíam a capacidade para a quietude, a tranquilidade, a capacidade de extrair energia dessa quietude, em vez do sono. Aquilo me trazia mais energia que dormir. Era esse tipo de benefícios. Todavia, mais adiante acrescentou-se a isso uma progressiva equanimidade, aquele centramento, aquela capacidade de elevar-me acima de mim mesmo e de minhas circunstâncias, de olhar para tudo isso de cima, com maior clareza e objetividade. Daí, a meditação começou a trazer à tona o meu subconsciente, a minha criatividade. Posteriormente estudei neurociência e aprendi que há uma parte do cérebro, no neocórtex, onde se dá a imaginação, a criatividade. A meditação abriu-me para essa experiência. Na época eu não entendia o que estava acontecendo, mas com o passar do tempo a meditação permitiu-me essa experiência.

(LF): *De onde veio a compreensão da disciplina do mantra? Você se deu conta de que estava tendo grandes ideias e imagens criativas, mas também soube que precisava deixar aquelas ideias irem embora durante a sessão de meditação e que tinha de retornar ao mantra. Isso foi um instinto natural, ou foi algo difícil de aprender?*

(RD): O instinto natural era o de seguir com as ideias, mas a instrução do mestre, combinada com a compreensão, incentivou-me a mergulhar mais fundo. Não foi fácil jogar fora aquelas boas ideias.

(LF): *Certa vez você me disse que seu interesse em investimentos não era apenas ganhar dinheiro. Também havia a fascinação pelo jogo. Como isso aconteceu?*

(RD): Bem, comecei quando trabalhava como carregador de tacos de golfe, e ganhava seis dólares por saco. Fazia isso e ganhava meus doze dólares, de modo que duas coisas aconteciam ao mesmo tempo. Naqueles dias, no princípio eu estava interessado em ganhar algum dinheiro com aquilo, mas também fui fisgado pelo jogo que havia nisso. Assim, muito me encantei pelo jogo. Dinheiro, grandes quantidades de dinheiro, nunca foi um dos meus principais objetivos, mesmo no início. Foi o jogo que me fisgou.

(LF): *Assim, você não diria ter sido fisgado pela ganância, pela cultura de ganância que vemos por toda parte?*

(RD): Não, não, não, isso nunca aconteceu... Sou uma pessoa muito simples, você sabe. Não, nunca foi nada parecido com ganância. Creio que a ganância é pouco saudável.

(LF): *A meditação – como foi que a meditação o ajudou a se desapegar, por assim dizer, do dinheiro e de tudo que vem com ele?*

(RD): Bem, antes de tudo, sejamos claros: o dinheiro não tem outro propósito a não ser o de que há algo que você pode fazer com ele. Assim, a questão é: quais são as coisas que você busca na vida? Um automóvel melhor? Uma casa maior? Essas não são as coisas mais importantes para mim. Em todo caso, o que a meditação fez por mim foi me ajudar a ser capaz de dar um passo para trás, para enxergar as coisas de um ponto de vista mais elevado. Quando falamos de espiritualidade – e não sou uma pessoa religiosa –, a espiritualidade a meu ver é elevar-se a um nível em que você se sente conectado ao todo, e em que você se dá conta de fazer parte desse todo. E, literalmente, a neurociência demonstrou como isso ocorre. O imageamento cerebral feito durante uma meditação mostra que o córtex pré-frontal, a parte do cérebro que quase define a humanidade, se acende; e a parte do cérebro que é a parte animal, que produz as reações de fuga ou enfrentamento, e a ansiedade, a amígdala, se acalma. Portanto, do ponto de vista fisiológico, o cérebro se modifica como resultado da meditação. E o resultado disso, à medida que desenvolvemos, à medida que o cérebro se desenvolve, é nos elevar acima disso e criar uma conexão.

(LF): *Muito bem, então, essa é a ciência. Sabemos que a meditação não é apenas teórica; na verdade, ela é biológica, tem base neurológica e, até certo ponto, pode ser descrita nesses termos. Qual é a real expressão disso em termos de vida, de relacionamentos, de decisões e de trabalho? Você diz que a meditação lhe confere essa perspectiva mais elevada, esse nível de despego mais elevado, e assim por diante. É claro que todos subimos e descemos de nível, mas estando nesse nível mais elevado, ou seja, quando você vê as coisas a partir dessa perspectiva, quais são os valores essenciais na vida?*

(RD): Você me pergunta quais são os meus valores essenciais? Meu próprio valor essencial é evoluir pessoalmente. Creio que a evolução é a natureza do universo. A coisa mais importante do universo e a única coisa duradoura é a evolução. E, para mim, o valor é evoluir em meu aprendizado, chegar a um nível mais elevado de perspectiva. Resume-se a ter quase uma percepção de maior compreensão do universo e, daí, de maior valorização da minha conexão com o universo. Portanto, dessa maneira sinto-me muito conectado.

(LF): *Com as pessoas?*

(RD): Com as pessoas e além das pessoas. Com a natureza. Pessoas e natureza – esse todo. As pessoas são uma entre as 30 milhões de espécies, e há a conexão toda com essa coisa toda.

(LF): *Quando as coisas não vão bem e o decepcionam, quando não andam como você esperava, você deve sentir um momento de ansiedade, um momento de estresse. Como você lida com isso? Que acontece?*

(RD): Posso sair do estresse. Eu consigo, a qualquer hora. Há momentos em que sinto o estresse das circunstâncias e, então, posso à vontade sair desse estresse e ver as coisas de maneira diferente. Isso faz com que quase me sinta um ninja, quando tudo parece ocorrer em câmera lenta. Tenho a sensação de que posso dar um passo atrás e ver os acontecimentos em câmera lenta; sou então capaz de lidar com as coisas de uma maneira que me faz sentir mais centrado e no controle da situação.

(LF): *Tal como os jogadores de tênis, que dizem que no auge do jogo passam a perceber a bola movimentar-se muito mais devagar. O jogo todo se desacelera.*

(RD): Certo, e é realmente uma equanimidade que produz esse tipo de reação, distinta daquela dos momentos de ansiedade, quando não há clareza e tudo parece mover-se depressa demais.

(LF): *Muito bem, pensemos apenas de modo hipotético. Você está no escritório e acaba de tomar algumas decisões; mas você precisa reavaliar essas decisões, porque algo aconteceu: os mercados mudaram, ou as recomendações mudaram. E, então, você fica decepcionado, estressado ou com raiva, talvez irritado por causa de alguma coisa. Onde é que entra a meditação? Naquele mesmo momento, ou mais tarde no dia?*

(RD): No meu caso, a meditação mudou minha perspectiva, de modo que não vejo as coisas como "algo de ruim que acontecerá comigo". Eu as vejo apenas como "coisas que acontecem". Assim, vejo a realidade quase como uma máquina, em que uma coisa ocorre depois da outra, e aceito a realidade. Creio que a realidade é bela, ainda que desafiadora. Assim, quando olho para ela, é quase como se cada uma das coisas fosse outra das que acontecem. Coloco isso em perspectiva. Não sei se estou sendo claro, mas as mesmas coisas acontecem repetidamente. Portanto, quando relaxo e as vejo, eu digo: "muito bem, é mais uma daquelas..."

(LF): *Mas quando é que você relaxa para olhar, em meio à ansiedade?*

(RD): Isso mesmo, simultaneamente, no meio da ansiedade. Levei um bom tempo para chegar a esse ponto, mas em geral à medida que a coisa se aproxima, quaisquer que sejam as circunstâncias, fico muito perto disso. Algumas vezes sinto uma ponta de ansiedade, mas consigo me colocar na posição em que digo "muito bem, deixe-me dar um passo para trás e me perguntar como é que o mundo funciona... essas coisas acontecem". Trata-se apenas do modo pelo qual a realidade funciona; trata-se de aceitar a realidade. A realidade funciona de uma maneira bela, e eu apenas preciso operar em harmonia com a realidade, qualquer que seja a realidade.

(LF): *Você é também um líder, e precisa lidar com pessoas. Algumas vezes elas o decepcionam; você as recruta e, talvez, precise dispensá-las. Você tem de lidar com equipes, e com relacionamentos entre os membros dessas equipes. Como é que a meditação o ajuda como líder?*

(RD): Para responder a essa pergunta, é necessário entender quais são os princípios pelos quais operamos, porque isso é consistente com essa maneira de ser. Trata-se da ideia de meritocracia, na qual todos têm o direito de entender o sentido das coisas, e é possível ponderar sobre um desacordo. Tudo é gravado para que todos na empresa possam ouvir. Assim, não há realidades ocultas. Ser capaz de ter essas conversas independentes e ponderadas é algo que, em primeiro lugar, é uma extensão da meditação ou da equanimidade que resulta da meditação. Muito poucas são as pessoas capazes de discordar de modo ponderado sem ficar ansiosas, porque há uma reação instintiva que considera o desacordo equivalente a uma briga. Todavia, acredito que a habilidade de discordar de modo ponderado é incrivelmente poderosa. Ser capaz de ter esse desacordo ponderado, em que todos podem ser naturais e ter esse respeito que não tropeça nas partes do ego, é muitíssimo poderoso. Somos capazes de lidar com fraquezas e erros. Todos erramos, todos temos fraquezas, e o que ocorre com a maioria das pessoas é que elas reagem aos erros com ansiedade.

(LF): *Você é um chefe simpático?*

(RD): Creio que a maioria das pessoas me consideraria parecido com um pai realmente forte que ama muito os filhos. Amo muito as pessoas com quem trabalho. Ao mesmo tempo, precisamos estabelecer padrões elevados uns para os outros de maneira não hierarquizada. Assim, operamos uns com os outros de acordo com esses padrões muito elevados que sentimos serem saudáveis. Acreditamos que sustentarmo-nos uns aos outros nesse alto padrão seja de fato bom. Portanto, eles me considerariam simpático, mas não pense que isso signifique ser mole.

(LF): *Você está no topo de uma carreira de sucesso; obviamente, você olha para o futuro. Como é que a meditação lhe dá uma perspectiva em relação aos estágios de sua própria carreira e de sua própria vida?*

(RD): Vejo-me dentro do ciclo da vida, e agora me encontro em um estágio de minha vida em que minha responsabilidade é a da transição, a de ensinar. Em outras palavras, há vários estágios na vida. Creio que são três: o primeiro é aquele em que você depende dos outros e está aprendendo; no segundo estágio, outros dependem de você, seus filhos dependem de você, e você está trabalhando, e esse é o estágio em que você realiza, conquista e alcança, e você faz o melhor que pode; e agora estou no terceiro estágio da vida, que é o de fazer a transição, o de ensinar e compartilhar isso tudo, e seguir o curso natural das coisas. É assim que vejo.

(LF): *Que conselho você daria aos jovens? Estou pensando em alguns estudantes do MBA a quem dou aulas no momento. Como você os aconselharia? Eles se encontram em um período da vida em que têm muitas preocupações acerca da carreira futura, das decisões a tomar. Como a meditação pode ajudá-los? Você os aconselharia a meditar?*

(RD): O mais importante que posso transmitir a eles é o ditado: "Dor mais reflexão é igual a progresso". E o que quero dizer com isso é que todas as vezes que eles experimentam dor, trata-se da amídala, é reação emocional. Caso possam abstrair-se dessa dor e olhá-la objetivamente, que há ali? A dor é um dispositivo de sinalização. Assim, se você puder olhar para ela, há ali uma lição a aprender; você pode fazer algo a respeito. Outras dores aparecerão, muitas, muitas e muitas vezes na vida. E, se você puder sair da experiência dolorosa e aprender a lição, isso o ajudará da próxima vez, o que será formidável. A meditação ajudará a reduzir a dor do momento e a incrementar a reflexão.

Outra coisa: creio que as pessoas, em sua maioria, pensam que é em sua mente consciente que farão o maior progresso. Em outras palavras, pensam que é preciso pôr tudo o que for possível na mente consciente, e fazer com que ela trabalhe ao máximo de modo a alcançar a meta, e que isso será eficaz. Não conhecem o caminho que leva ao nada, ao vazio, e o que acontece interiormente. Quando você se dirige ao seu interior, você está também permitindo que surja e aflore a criatividade subconsciente, a imaginação, todos esses outros elementos. Por meio da meditação, você começará a experienciar o surgimento dessas ideias, dessa criatividade. Esse tipo de coisas não acontece por você estar trabalhando duro. As grandes ideias e a criatividade surgem do relaxamento, durante um chuveiro quente. De repente elas vêm e você precisa agarrá-las, pois passarão. Não porque você estivesse trabalhando nelas. Por isso, permitir-se os vinte minutos duas vezes ao dia, ou o melhor que possa fazer, mas permitir-se isso liberará essa criatividade e também o deixará centrado. Fará com que você ganhe muito em termos de pensamento estratégico, e que vá além. Não se trata de apenas remoer as coisas com mais esforço.

(LF): *Certa vez em Cingapura perguntei ao Sr. Lee Kuan Yew se ele recomendaria aos líderes mundiais, em uma reunião de cúpula, que meditassem juntos. Permita-me perguntar se você recomendaria que altos executivos meditassem no início de reuniões.*

(RD): Seria ótimo se o fizessem, porque sei que isso modifica o estado mental. Tenho certeza de que os alunos que você tem começaram a experienciar isso. Se você deixa para se comunicar depois de sair da meditação, essa comunicação se dá de maneira muito mais eficaz. É algo que você pode fazer antes de uma reunião, mas também em qualquer momento em que esteja sentindo ansiedade. Você pode afastar-se e aliviar a ansiedade. A meditação, como já disse muitas vezes, é o maior presente que posso dar a qualquer um.

(LF): *Qual é a sua atual prática diária de meditação?*

(RD): Medito duas vezes ao dia, provavelmente em 60 ou 70 por cento dos dias. E, provavelmente os restantes, quase todos os demais, uma vez ao dia. Há também dias em que percebo que preciso de uma meditação extra.

(LF): *No meio do dia?*

(RD): Sim, a qualquer momento.

(LF): *Em geral você medita sozinho?*

(RD): Sim, algumas vezes com minha esposa, algumas vezes com minha família.

(LF): *Em sua empresa, a Bridgewater, você recomenda a meditação aos funcionários, às pessoas com quem trabalha? Você facilita as coisas para que eles meditem? Como é que a meditação se encaixa na ética e prática do trabalho da empresa?*

(RD): Ofereci a meditação a todos os meus funcionários, e combinei com eles que arcarei com metade do pagamento se eles arcarem com a outra metade, de modo que assumam o compromisso. O boca-a-boca circulou bem, de modo que temos muitos meditadores e, diga-se de passagem, pessoas que costumavam ser muito céticas.

(LF): *Por que esse ceticismo?*

(RD): Bem, há pessoas que têm outras coisas a fazer, tais como se exercitar para se condicionar fisicamente. Algumas pessoas dizem terem ouvido isso e aquilo acerca da meditação; talvez lhes tenha soado como algo infantil e floreado, ou talvez uma ou outra coisa. Mas essas pessoas, muitas delas, convenceram-se e experimentaram a meditação. Assim, o mais importante acerca disso é que quando a experimentam, elas dizem, bem se isso vem dessa outra pessoa, dessa pessoa que é de determinado tipo, por exemplo, um membro das forças especiais dos fuzileiros navais, está bem, quando você tem um desses membros das forças especiais que diz que não pode trabalhar sem a meditação, e ele foi submetido a estresse, e assim por diante. Quando altos executivos da nossa empresa e todas aquelas pessoas que não se convencem facilmente passam a dizer que não conseguem trabalhar sem meditar, então a ideia foi assimilada. Creio que a única coisa que provavelmente eu enfatizaria para os seus alunos é que não conheço ninguém que tenha se mantido na prática da meditação e tenha podido então, depois de um tempo, viver sem ela. A pessoa precisa de certa maneira empurrar a coisa até chegar a um ponto em que pega o jeito, em que se sente bem, e nunca desejará parar.

(LF): *John Main costumava dizer que o mantra se captura, não se ensina. Você concordaria com isso?*

(RD): Essa é uma boa maneira de dizê-lo.

(LF): *E de fato você chega a compreender isso ao ver os frutos, os benefícios em outras pessoas também.*

(RD): No início, é muito fácil escapar da meditação. Posso mencionar algumas das armadilhas? Creio que uma delas, muito comum, é a inquietude que lhe acomete quando você começa. Você fica impaciente e vê todas aquelas ideias que lhe surgem. Creio que é um sinal muito claro de que você precisa de meditação. Se não puder aquietar-se por vinte minutos e ficar imóvel por vinte minutos, encare isso como sinal de que você precisa dela.

(LF): *Se você estiver ocupado demais para meditar, você está ocupado demais.*

(RD): Você precisa dar a si mesmo esse presente. E, então, creio que um passo além seja fazer disso um hábito. Você deve chegar ao ponto de dar à meditação uma chance, deve praticá-la o suficiente para poder desfrutá-la. Pode ser parecido com aprender Ioga ou com fazer exercícios e ir à academia. No começo você acha maçante e não se sente à vontade. Mas, depois de algum tempo, não consegue deixar de praticar. Creio que meditar parece-se com isso; assim, acredite em mim e em muitas outras pessoas: uma vez alcançado esse ponto, ela mudará sua vida.

24

O valor da meditação

PETER NG KOK SONG

A próxima voz nesta seção é a de Peter Ng Kok Song, que foi o mais alto executivo de investimentos (CIO) e Diretor Presidente do GIC, o fundo soberano das reservas no estrangeiro do governo de Cingapura. Sua excepcional administração das reservas nacionais constituiu-se uma contribuição histórica à prosperidade e à estabilidade da sociedade de Cingapura. Peter é o Coordenador Nacional da Comunidade Mundial para a Meditação Cristã em Cingapura, e é um dos principais instrutores em nosso trabalho de escala global. A palestra que se segue foi ministrada aos participantes do curso de 2017 na DPA. Algumas de suas demais palestras sobre administração, liderança e meditação estão enumeradas no Apêndice 2 deste livro, sob o título Fontes Recomendadas.

Meditação e altruísmo

Permitam-me compartilhar com vocês brevemente o valor da meditação. No mês passado fui convidado a falar para uma turma de executivos de nível médio ao sênior no setor financeiro. Aquelas pessoas estavam mais interessadas na minha prática de meditação. Assim, me perguntaram: “Soubemos que você pratica meditação. Por que você medita?” Então respondi: “Se você quer ser líder, uma habilidade essencial que precisa aprender é a meditação”.

Para mim, a prática da meditação é o meio que encontrei para reequilibrar o meu ser. Ao longo do trabalho, ao longo do dia, você se deparará com desafios, com problemas, problemas pessoais, problemas de família, problemas de trabalho, que podem tirá-lo do centro, que podem perturbá-lo, frustrá-lo. Todos precisamos de um meio de reencontrar equilíbrio ao início e ao término do dia. Para mim, esse meio é a meditação. Não importa que desafios tenha enfrentado no decorrer do dia; quando vou para casa e me sento para os 25 minutos de meditação ao fim da tarde, esse simples meio de reajuste e reequilíbrio é um salva-vidas, uma forma de restauração. E, pela manhã, se você puder sentar-se e meditar, verá o dia de modo diferente. A meditação nos prepara para quaisquer trabalhos e desafios que se apresentem. Dirigiremos o carro para o trabalho sem nos irritar facilmente no trânsito, e é importante não ficarmos irritadiços; podemos até ser gentis com as pessoas no trajeto, e ceder-lhes passagem. A meditação nos capacita a pequenos atos de gentileza.

A segunda coisa que descobri é que meditação é trabalho de atenção. Ao sentar-se, seu próprio corpo passa a estar atento. Ao repetir o mantra, você aprende a prestar atenção. Ao deixar que pensamentos e distrações se afastem, você escolhe prestar atenção a uma coisa, que é a fiel repetição do mantra. Esse cultivo da arte da atenção é crucial para qualquer tipo de trabalho. A atenção que cultivamos na meditação é crucial para a produtividade, para ser capaz de fazer melhor o trabalho e de estar atento ao trabalho. Todos já ouviram falar de *atenção plena.* A ferramenta para o cultivo de *atenção plena* é a atenção. Se você quiser estar plenamente consciente de tudo o que faz, precisa antes aprender a prestar atenção. É isso que aprendemos ao meditar. No que tange a relacionamentos, essa qualidade de atenção é particularmente importante. A capacidade de prestar atenção à outra pessoa – seja ela seu chefe, seu subordinado, sua esposa, seu amigo ou apenas alguém necessitado – creio ser a mais profunda forma de respeito humano. Prestar atenção à outra pessoa sem se distrair quando está com ela, dar-lhe atenção cuidadosa, permanecer sensível ao que ela lhe diz, sem interrompê-la quando está falando, sem impor-lhe seus próprios pensamentos, mas ouvi-la, dar-lhe espaço e tempo para se expressar. Aprendi a meditar com 40 anos de idade. Eu era um gerente de nível intermediário no GIC. Se não tivesse começado a meditar, não acredito que teria completado minha carreira no GIC nos 25 anos que se seguiram. Creio que a meditação me tornou uma pessoa melhor, e um melhor líder.

A terceira coisa é que todos nós, independentemente de sermos pessoas religiosas ou espiritualizadas, somos seres humanos. Todos, como seres humanos, somos basicamente boas pessoas. Nas profundezas do coração há um lugar de bondade onde podemos encontrar paz e alegria. É um mistério do nosso ser. Como você sabe que tem isso? Bem, pense no amor que devota ao seu cônjuge, aos seus filhos; de onde vem isso? Você tem capacidade de amar. Assim, de modo a nos tornarmos seres humanos mais completos, cada um de nós precisa encontrar uma maneira de ir para esse lugar interior, onde a bondade reside. Creio que a meditação é o que nos ajuda a ir para esse lugar. Você pode imaginar que transformação ocorreria se todas as pessoas em cargos de comando chegassem a essa compreensão? Isso mudaria o mundo.

Por fim, em meu caso, a prática da meditação ajudou-me a passar por uma grande mudança na maneira de compreender liderança. Quando jovem, eu pensava em liderança como exercício do poder. O encargo do líder era controlar pessoas, levá-las a fazer o que quero que façam. A meditação mudou isso, pois ao meditar aprendemos um tipo especial de atenção, que eu descreveria como *atenção altruísta*. Altruísta, porque você está prestando atenção não aos seus pensamentos, ideias, desejos e problemas; você deixa tudo isso passar, coloca-os de lado. Você desloca o foco, a sua atenção, para longe de si mesmo. Você transcende a si mesmo, concentra a atenção no outro. É por isso que, com o passar do tempo, à medida que aprende essa arte da atenção altruísta, você se torna cada vez mais centrado no outro. Você começa a ver as coisas do ponto de vista da outra pessoa. Lentamente, você vai diminuindo as próprias tendências egoístas. Isso é muito importante. Uma vez que você tenha experienciado o centramento no outro, isso modificará por completo a sua perspectiva de vida. Você chega a este discernimento: de que não existimos para nós mesmos. Fomos colocados neste mundo não para nós mesmos; fundamentalmente, existimos para os outros. E a plena significação da nossa vida, a verdadeira realização, vem quando somos capazes de ter essa perspectiva centrada no outro. Trata-se de um paradoxo: quanto mais autocentrado você for, mais infeliz será; quanto mais centrado no outro você estiver, mais feliz se tornará. Assim, quando você ama de verdade outra pessoa, você se enche de alegria, porque amar é ser capaz de ir além de si mesmo. Você não se preocupa tanto consigo, mas com o outro.

Para a liderança, é importante estar centrado no outro, pois só então você se dá conta de que liderar não é exercer poder, mas responsabilizar-se pelos outros. Você se responsabiliza pelas pessoas com quem trabalha, pelas pessoas que trabalham em sua empresa, e também pela maneira com que seu trabalho afeta o mundo.

25

Sobre a liderança contemplativa

ANGELENE CHAN

Angelene Chan é Presidente da DP Architects de Cingapura, e apresentou a meditação para todo o pessoal do seu escritório central. Essa empresa ofereceu-nos de modo gratuito seus serviços de arquitetura para a reforma de Bonnevaux, o centro de retiros da WCCM na França.

Antes de conhecer Dom Laurence, ouvira falar a seu respeito por intermédio de Peter Ng, e também soube dele como o monge beneditino que ensinara meditação ao Sr. Lee Kuan Yew, agora falecido. Fazia algum tempo que a prática de meditação e a liderança contemplativa me atraíam, mas não havia efetivamente pesquisado a respeito. Em 2016, surgiu uma oportunidade, quando Dom Laurence veio a Cingapura para conduzir um curso sobre liderança na NTU (*Nanyang Technological University*). Naquele ano, pouco antes, eu havia sido nomeada presidente da DPA, e com essa nomeação advieram enormes responsabilidades e expectativas. Inscrevi-me no curso, pois acreditei que iria ajudar-me a melhorar como líder.

No ano seguinte convidei ambos, Dom Laurence e Peter, para conduzir um curso na DPA. Em quatro sessões, cerca de 200 DPeanos[19] aprenderam a meditar. Desde então, iniciamos

19. A designação para quem trabalha na DP. A DP tem como lema: “Todo DPeano é importante”.

um grupo de meditação que se reúne toda manhã antes do início do expediente. Estou feliz pelo fato de que ainda esteja funcionando depois de quase dois anos, pois isso significa que a prática lançou raízes no grupo.

Mesmo que eu ainda seja uma noviça na prática da meditação, estou convencida de que ela pode transformar as empresas. Arquitetura é uma profissão altamente exigente e competitiva, que demanda intensa energia criativa e resiliência mental. Por causa da natureza estressante das tarefas e das horas estafantes nelas despendidas, já presenciei o esgotamento nervoso de membros brilhantes da equipe, e acredito que a meditação seja um meio de restaurar e manter o equilíbrio, e de ajudar com que todos atinjam seu pleno potencial.

A meditação ajudou-me a lidar com situações angustiantes e decisões dolorosas, e a superar momentos de dúvida, ao me proporcionar clareza, foco e fé. Meus dias são tão agitados, que esses 20 minutos de silêncio e quietude de fato me ajudam a ficar centrada e atenta. Sinto-me calma após cada meditação. Sinto que a solução de todos os problemas está ao meu alcance; nada me parece impossível e fora de propósito.

A meditação também me proporcionou uma conexão mais profunda com Deus, ainda que essa não fosse a minha motivação para aprender a praticá-la. O ponto de partida do meu interesse pela meditação foi a liderança contemplativa, e maior clareza e paz de espírito. No entanto, a meditação nasceu da sabedoria espiritual; descobri que sua prática aprofundou minha fé, e minha fé é a inspiração para que persevere na prática.

Quando soube que a WCCM estava buscando um lar permanente, ofereci-me para ajudar. Bonnevaux, rodeado de áreas verdes, é local perfeito para a meditação. A DPA projetou as novas edificações e a reestruturação dos edifícios existentes para novos usos. Estamos trabalhando com o arquiteto francês para concluir a primeira fase do projeto em 2019. É a minha modesta maneira de contribuir com essa prática benéfica e com a comunidade.

26

Simples, mas não fácil

TOH BEE PING

Toh Bee Ping foi uma das primeiras do quadro de meditadores da DP Architects de Cingapura, que aprendeu e continua a praticar meditação. Um grupo de meditação reúne-se todas as manhãs antes do início do expediente no escritório de Cingapura.

A meditação é simples, mas não é fácil. Dom Laurence repetiu essa frase várias vezes no *workshop* de quatro sessões. Só me dei conta do quanto não é fácil, quando me sentei para meditar. Percebi a mente ocupada e os pensamentos erráticos; além dos assuntos acerca dos quais penso conscientemente, incontáveis pensamentos rápidos, aleatórios e inúteis passavam sem parar.

Agora medito de modo regular, mas ainda sou praticante noviça. Os incontáveis pensamentos continuam presentes, mas passam com menor velocidade e creio que sou capaz de deter os negativos com mais rapidez. A intensidade com que as emoções surgem é menor. Por outro lado, a frustração comigo mesma aumentou quando reajo de maneira impulsiva e emocional. Muitas vezes ocorre de a minha mente irrequieta tomar conta de mim durante a prática, e isso me desencoraja. Porém, lembro-me do conselho de Dom Laurence: "não julgue a sua prática". Assim, repito o conselho para mim mesma, e sigo adiante.

Dom Laurence tem uma presença muito calma e compassiva. É um mestre maravilhoso, muito encorajador e persuasivo; explica a prática de maneira simples e clara, e com bom humor. Logo no início do curso, disse que a meditação é sabedoria universal praticada por muitas culturas e religiões diferentes. Não sou cristã, e muitos dos participantes eram de tradições espirituais diversas, mas no seu ensinamento a sabedoria transcende as diferenças. O registro diário na intranet da empresa que todos os participantes são convidados a manter é uma ferramenta muito importante quando se começa a praticar.

Depois do *workshop*, o escritório deu início a uma sessão diária de meditação matutina. Ela me ajuda a iniciar o dia com a disposição mental e a atitude correta. Há dias, é claro, em que os planos são desmantelados, mas começamos de novo na manhã seguinte.

Repito o mantra também em momentos aleatórios do dia, de modo a desacelerar a mente. E o uso, ademais, para contagem de tempo; por exemplo, digo a mim mesma para manter a postura de ioga por três repetições do mantra, e isso me ajuda a ficar atenta.

A prática da meditação e a comunidade aberta, calorosa e inclusiva que me apresentaram são um presente precioso que Dom Laurence compartilhou com o mundo.

27

Bom Projeto: Uma abordagem contemplativa da arquitetura

KAILAS MOORTHY

Arquiteto da DP Architects, Kailas Moorthy é inglês com raízes indianas. Faz parte do escritório deles em Londres, e é o arquiteto chefe do projeto Bonnevaux.

Foi durante uma estada de cinco anos em Cingapura, quando trabalhava para a DP Architects, que começou a minha jornada meditativa, como solução para um problema funcional. As águas mais mornas dali permitiram-me participar dos triatlos. Nadar nunca foi o meu forte: a cabeça baixa na água, capaz de respirar apenas quando a braçada permite. Quando me fatigava e a necessidade de respirar se tornava essencial, junto com o desejo de não me afogar surgia o pânico. Assim, em janeiro de 2016 passei a usar um *app* de *atenção plena*, denominado *Headspace* de Andy Puddicombe, para ajudar-me a manter a calma nesses momentos de terror.

Um ano depois, em janeiro de 2017, fui convidado para uma série de conferências de Pe. Laurence Freeman. Em um período com três fins de semana, por meio do diligente comparecimento a todas as conferências e da prática da meditação duas vezes ao dia, fiz a transição de *atenção plena* para essa forma de meditação radicalmente simples: sente-se, feche os olhos e repita a palavra.

De volta ao clima mais frio de Londres, a natação tornou-se menos atraente. Mas a meditação permanece.

Nos últimos dois anos envolvi-me no projeto do centro de retiros de *Bonnevaux*, futuro lar da WCCM e local que promove a paz em muitos níveis, do interior e local ao global e geopolítico.

Além do centro de retiros, estou envolvido nos planos de postos de saúde que conduzirão abordagens complementares ao lado da medicina tradicional. Pelo emprego de métodos de projeto contemplativo, inclusão, biofilia e hapticidade, as próprias edificações contribuirão para o processo de cura. Essas instalações têm como objetivo promover uma mistura de cuidados básicos e complementares e também instruções de vida, com a oferta de uma abordagem ao bem-estar completa e holística: um "clube saneador".

Por esses compromissos profissionais e minha prática de meditação diária, comecei a defrontar-me com a pergunta: que é projeto contemplativo?

> A Arquitetura pode conduzir-nos do comum ao extraordinário, do profano ao sagrado[20].

A definição de "contemplação" de dicionário é: "Profundo pensamento sobre algo. Em sentido religioso, contemplação costuma ser um tipo de prece ou meditação".

Concentrar a atenção em um objeto ou tema em particular, seja um mantra ou a própria respiração, permite que a mente se aquiete e atinja clareza. Nesse estado, mente e corpo têm mais capacidade para o desempenho e a cura. Muitas pessoas meditam para atingir esse estado.

---

20. BERMUDEZ, Julio. *Transcending architecture*: contemporary views on sacred space. Washington, D.C.: CUA Press, 2015.

Podemos projetar edifícios que promovam esse estado contemplativo? Minhas pesquisas começaram com edifícios religiosos (uma vez que vêm aprimorando essas técnicas há séculos), e depois adiantei-me no tempo para analisar as variantes seculares mais recentes. Descobri três modalidades básicas em que esses edifícios alteravam o comportamento na direção de um estado contemplativo.

Como um *Ícone*, o próprio edifício pode inspirar e criar um ponto de focalização, de modo a permitir que o observador acalme a mente. A modalidade *Fogueira de Acampamento* cria um espaço que atua como um canal, que focaliza a atenção do fiel em um local específico, onde se desenvolverá uma atividade ou ritual importante. Por fim, a *Caverna* provê um abrigo de paz, protege os ocupantes dos ruídos do mundo prosaico circundante.

> São os espaços vazios entre as palavras que tornam uma página legível. Sem períodos de silêncio e não ação, nossas palavras e ações tornam-se desordenadas, em espirais de estresse sem significado. Precisamos que uma *rede de silêncio* se estenda pelo mundo, de modo tão amplo como a rede da tecnologia[21].

Projeto radicalmente simples, a remoção da desordem gera espaços pacíficos, espaços que escutam em vez de gritar, espaços que nos permitem concentrar em assuntos importantes. Esses espaços confortantes induzem-nos ao relaxamento e ao esforço concentrado, criam ambientes conducentes à cura, aos cuidados, ao ensino e ao aprendizado.

E, pelas palavras aqui no Bom Trabalho, poderemos descobrir um caminho para o "Bom Projeto, uma Abordagem Contemplativa da Arquitetura".

---

21. FREEMAN, Laurence. The Law of White Spaces. In: Idem. *Web of silence*. Londres: Bloomsbury, 1998.

28

Liderança autêntica

MARK HANSEN

Antigo Presidente e Chefe de Governança Asiática e Iniciativas Estratégicas no Standard Chartered Bank, Mark Hansen dirigiu a governança em 22 países da Ásia e serviu em várias mesas diretoras de subsidiárias e em vários comitês de gerenciamento executivo bancário. Ele conduziu transformações estratégicas e gerenciamento de mudanças para clientes asiáticos e multinacionais, e fundou suas próprias empresas de consultoria em Cingapura, Indonésia e Malásia.

Vivi em Cingapura por trinta anos, sobretudo por causa da minha esposa, que é de lá. Comecei a meditar na universidade. Aprendi com alguns monges, em um mosteiro próximo da escola que frequentava. Parei de meditar depois de deixar a universidade; eu era jovem, seguia carreira, e simplesmente abandonei a prática.

Vim para Cingapura como associado de uma empresa de consultoria administrativa, a Booz Allen, e trabalhava dia e noite. Certo dia minha esposa me disse que deveríamos aprender a meditar. Perguntei-lhe a razão, e ela respondeu: "Você parece estar estressado o tempo todo, e seu estresse está me deixando estressada". Foi uma maneira muito incentivadora de me levar a fazê-lo. Sou católico e minha esposa é budista. Assim, fomos à livraria budista onde o Dr. K K Tan ministrava cursos de meditação. Ele também ensinava meditação a Lee Hsien Loong, e era muito bom instrutor.

Agora, eu compartilho a condução de um grupo de meditação em uma das igrejas aqui, e creio que isso enraíza a minha prática. Sempre que medito com outros no mesmo espaço físico, isso realmente me traz uma sensação diferente. E também creio que me mantém fiel à minha própria prática.

Muito do meu trabalho é de instrução e liderança executiva. Se basicamente eu dissesse a meus clientes que lhes posso dar algo que os ajudará a aquietar a mente, que lhes dará energia, criatividade, centramento e objetividade, eles me perguntariam: "Onde compro essa pílula, como consigo isso?"

Vocês são arquitetos, têm sempre prazos a cumprir, clientes são difíceis – trata-se de uma profissão de alto estresse. Portanto, a habilidade de afastar-se do estresse, de olhar para ele com objetividade e de lidar com ele é com certeza um benefício que, penso eu, muitas pessoas gostariam de obter, em especial as de profissões altamente estressantes. Muitos de vocês fizeram perguntas acerca dos benefícios e de como eles se manifestam.

Ray Dalio[22], a meu ver, fez um trabalho interessante ao apontar algumas coisas. Uma é que, apesar de ser uma prática solitária (você medita só, ninguém pode meditar por você), ele falou acerca do senso de conexão e de plenitude, que creio ser de muito interesse. Como é que isso emerge de uma prática solitária? Um dos aspectos interessantes é que uma quantidade cada vez maior de trabalhos de Neuropsicologia (e estou no momento estudando para graduar-me em Psicologia), se dirige aos inúmeros benefícios e efeitos da meditação que ainda estão sendo deduzidos em pesquisas avançadas que se utilizam de imagens de ressonância magnética e outras tecnologias. Falamos sobre estar no corpo, e creio que uma das coisas pelas quais mais e mais psicólogos se interessam é a somatização, é o olhar para o corpo e para as maneiras com que ele lida com traumas e tensões. O que estão descobrindo é que em pessoas que meditam com regularidade pode-se mensurar uma

22. Ray Dalio em conversa com Laurence Freeman (Capítulo 23).

significativa redução do estresse em período relativamente curto. Nos Estados Unidos, onde se realiza um trabalho considerável com soldados que lutaram no Oriente Médio, eles estão vendo os benefícios da meditação em indivíduos altamente estressados e traumatizados. Assim, ressalto que há evidência crescente acerca dos benefícios da meditação, tanto físicos quanto psicológicos.

Ray falou acerca de perspectiva, da habilidade de se afastar das coisas e olhar para elas de modo objetivo. Se você considerar a profissão dele, em que o mercado está em constante mudança e todos se põem a imaginar como superar os demais nesse ambiente competitivo ao extremo à medida que o mercado sobe e desce, sua habilidade de se afastar e olhar as coisas de modo objetivo, isento de emoções, de vieses, certamente lhe proporcionou sucesso. Posso dar a impressão de estar pregando isso de modo exagerado, mas direi: "Não acredite em mim, não acredite em Ray Dalio, mas experimente você mesmo". Essa é a mensagem que de fato queremos deixar aqui, pois creio que em pouco tempo você verá os benefícios.

E defenderei o outro lado. Procuro meditar duas vezes ao dia, de manhã e à noitinha. Nem sempre é fácil. Alguém mencionou antes sobre acordar cedo. Não sou uma pessoa matutina, mas acordo cedo para meditar. Se não medito pela manhã, minha esposa logo descobre no desjejum, e meus funcionários descobrem no trabalho: minha secretária tem essa coisinha que ela coloca em sua mesa, com os dizeres: "Creio que você não meditou hoje, pois está um pouquinho ranzinza". Creio que haja uma equanimidade, um senso de autoconsciência, um senso de quietude gerados pela prática, se realizada todos os dias. Os benefícios vão se formando com o passar do tempo. Nas pessoas que meditam há muito você pode perceber certa qualidade, e também na energia que irradiam. Você pode notar quais são as pessoas que meditam por sua equanimidade, pelos frutos da meditação.

Havia algumas outras coisas que o Ray mencionou, que achei interessantes por estarem ligadas à Psicologia. Uma delas diz respeito a um conceito cada vez mais usado na Psicologia Positiva: o *fluxo*. Se você estiver fazendo alguma coisa, seja um esporte ou um projeto arquitetônico, e chegar ao ponto de ficar tão concentrado nisso que o tempo parece voar, em parte se deve à sua capacidade de convergir a atenção, de mantê-la numa única direção. E o que o mantra faz é nos ensinar a nos concentrarmos em algo que não seja nós mesmos. Um dos atuais desafios do mundo de negócios é que tudo está em constante estimulação: você recebe telefonemas, *e-mails*, SMS, mensagens de *WhatsApp*. Há um contínuo dilúvio de interferências em nosso processo mental, e a capacidade de colocar isso de lado e manter-se focado e unidirecionado é imensamente benéfica. É benéfica para você, porque reduz seu nível de estresse; e é benéfica para seus subordinados, colegas de equipe ou clientes, porque você pode de fato concentrar-se neles.

Realizo muitos trabalhos para grandes organizações acerca do desenvolvimento de liderança. Você pode adivinhar qual é a reclamação número um da maioria dos funcionários? "Meu gerente não me ouve!" Você recebe aquelas reclamações de sempre, acerca das horas trabalhadas e do estresse, mas em termos de satisfação dos funcionários, a principal é a de que eles, em sua maioria, não acreditam estar sendo ouvidos. Quantas vezes vamos a uma reunião em que as pessoas se sentam ao redor de uma mesa e nenhuma delas se mostra empenhada? Ficam limpando mensagens de telefone ou elaborando *e-mails* que precisam enviar. Você entra na sala e pode sentir a energia, e é uma energia que drena. Assim, de acordo com a minha experiência, começar uma reunião com um minuto de quietude, centramento e reflexão de fato contribui para que seja muito mais produtiva. Isso porque todos então parecem começar no mesmo nível; você fica concentrado, ouve as pessoas, e assim a reunião é mais produtiva.

E mais, quantos de vocês já não estiveram em uma avaliação em que o chefe passa em revista os funcionários, dizendo: "Sim, isso foi bom; aqui estão seus pontos fortes e aqui os fracos; aqui está o seu bônus", e assim por diante? Em vez de se concentrar em você e de se conectar com você, ele parece estar metade ali na sala e metade em algum outro lugar. Assim também, se você pensa acerca de suas interações com clientes, colegas e subordinados, é provável que o maior presente que lhes possa dar é a sua atenção. E é difícil dar-lhes atenção se você não tem a capacidade de se concentrar, a capacidade de sair de si mesmo para colocar 100% do seu foco na outra pessoa. Tente você mesmo e veja: pratique a meditação. Com o tempo, você descobrirá que ela realmente o deixa bem mais concentrado. Sei que parece contrassenso que o nada fazer possa trazer benefícios externos, mas repito: tente e veja.

Um corolário para isso é o que eu chamaria de liderança autêntica. Você só pode ser o líder que você é. Tentar ser outra pessoa, seja ela Lee Kuan Yew, Jack Welch ou Donald Trump, seria como vestir a máscara de alguém que não é você. Você seguiria alguém em quem não confia? Seguiria alguém que você acha não estar sendo autêntico? Na literatura relativa à liderança, vemos cada vez mais evidências de que o modelo está mudando. Estão contados os dias em que o chefe dizer "faça isso" tem efeito cascata. A maioria das organizações baseia-se mais em equipes e projetos. As pessoas se juntam e depois se separam, de modo que a capacidade que você tem de liderar e reunir uma equipe é, na mesma medida, a capacidade de fazer com que os demais se empenhem, e de alinhá-los com a perspectiva que você almeja. Para que se alinhem com a perspectiva do líder, eles precisam sentir que foram ouvidos e que a perspectiva deles foi levada em consideração.

Assim, eu argumentaria que o componente liderança está conectado com a meditação; que os benefícios e os frutos da meditação podem contribuir para que você melhore como líder de sua empresa.

Seção B: Mensagens de líderes do futuro

Nesta seção, alunos do segundo ano de MBA refletem acerca do aprendizado da meditação. Estes jovens homens e mulheres serão os líderes do futuro.

29

Meditação e futuros líderes

ALUNOS DO MBA
McDonough School of Business
Universidade de Georgetown, Estados Unidos

Esta seção é constituída de reflexões pessoais acerca do aprendizado da meditação de alunos do segundo ano do MBA que frequentaram o curso de Meditação e Liderança na McDonough School of Business da Universidade de Georgetown, nos Estados Unidos. O curso hoje ganhou caráter regular em ambos os semestres nessa universidade.

A

Sinto-me inclinado a enfatizar o quanto essas aulas significaram para mim. Em tempo relativamente curto, fui capaz de questionar uma série de coisas acerca de mim mesmo. Tem sido uma experiência introdutória maravilhosa.

Tenho maior senso de clareza. Meus valores estão nítidos. Sei exatamente o que quero do programa do MBA, e redirecionei meu foco de modo a fazer com que isso se realize. Este módulo e este curso têm sido inestimáveis para mim. Alcancei maior nível de autoconhecimento, de autocompreensão e até de amor próprio. Reconheço os erros que cometi no passado, e passei a aceitar as coisas que antes chamava de remorsos como experiências de aprendizado que não posso mudar.

Planejo manter a prática da meditação. Muito obrigado por oferecerem este curso no programa do MBA!

B

Comecei a praticar a meditação com um objetivo simples: reduzir meu nível de estresse. Nas primeiras etapas da prática, esforçava-me por sentir algo, um sinal perceptível de alegria ou de paz. Então, dei-me conta de que ao mesmo tempo que é importante não julgar, é igualmente importante nada esperar. Já saboreei agora os benefícios da meditação, e não preciso de nenhuma evidência mais, psicológica ou científica.

Por exemplo, encontrei-me recentemente com uma amiga a quem não via há algum tempo. A primeira coisa que ela me perguntou foi: "Alguma boa notícia? Você parece diferente, muito encantadora". Entendi que não se tratava de mera alegria pelo nosso reencontro, mas de uma demonstração de como a meditação tem me ajudado a ficar mais confortável comigo mesma. Não obstante, pessoas céticas (como a minha mãe) insistiram em me perguntar se há um achado científico.

Há histórias, como a minha, que começaram com a busca da meditação como último recurso para a difícil travessia de situações de fato espinhosas. Porém, não há necessidade de esperar por esse momento dramático para permitir que a meditação opere a sua mágica. Se eu tivesse conseguido melhor entendimento da meditação mais cedo e começado a praticar antes, teria tido em minha vida mais dois anos felizes. A hora é sempre a certa para se fazer a meditação. Ela me ajuda a viver com valor e propósito.

C

Depois de apenas alguns meses de meditação, comecei a perceber seus frutos, sobretudo uma capacidade muito mais forte de lidar com o estresse. A meditação não removeu os estressores da minha vida: limites de prazos não desaparecem, minhas aulas ainda são desafiadoras. Contudo, adquiri uma perspectiva mais ampla. Deixei de me sentir cercado pelos estressores; estou fora da briga, a observar. A partir dessa nova perspectiva, minha visão não se limita apenas ao problema que tenho à mão; posso ver um panorama mais abrangente, que me permite compreender melhor a real dimensão de minhas próprias dificuldades temporárias.

Não quero dar a impressão de que mantenho o tempo todo essa perspectiva refinada, o que seria bem incorreto. No entanto, esses momentos de ego reduzido são mais frequentes e duradouros desde que comecei a meditar. Ademais, sempre que começo a me sentir oprimido, tem sido para mim mais fácil parar, desacelerar e mudar o foco de minhas energias para qualquer que seja o problema, não importa quão grande. Em toda a minha vida tenho lutado para apressar as coisas, num esforço para passar ao problema seguinte, ou para conquistar a tarefa seguinte. Até as refeições eu faço correndo! Descobri que a nova perspectiva que a meditação me deu também me ajudou a desacelerar e a apreciar o momento presente.

Estou animado por ter começado a incorporar na vida uma disciplina que fará de mim um líder melhor e mais consciencioso. Ao longo da escola de administração tivemos (e teremos) aulas de gerenciamento que ensinam as boas qualidades da liderança e a importância da inteligência emocional. Ainda que essas informações sejam convincentes e necessárias em uma escola de administração, nem chegam perto da utilidade do estudo da disciplina da meditação. A diligência nessa disciplina capacita de fato os líderes administrativos a exercer essas qualidades, e estou mais do que agradecido pela oportunidade.

D

Nas minhas sessões de meditação, nos dois últimos meses, passei por uma gama de experiências. No início havia momentos em que surgiam pensamentos muito perturbadores, que até me impediam de sentar durante toda a sessão. Em retrospecto, dou-me conta de que a meditação sempre trouxe as preocupações mais prementes da minha vida à superfície; ajudou com que as questões mais importantes emergissem.

Porém, depois que aprendi a enfrentar e resolver cada um desses problemas da vida real, meus pensamentos começaram a clarear e passei a ter mais paz nas sessões de meditação. Ultimamente, também tive algumas sessões isentas por completo de pensamentos e plenas de consciência. Toda essa experiência de fracassos e perseverança trouxe-me grande paz, aceitação e consentimento de ser eu mesma.

A estrutura desse curso também me ajudou a desenvolver uma prática de meditação mais disciplinada. À medida que eu prosseguia, ia me dando conta de muitas mudanças em meu interior. Sentia-me mais distante de muitos dos problemas do mundo caótico, e podia observar a vida à medida que se desenrolava, como se estivesse olhando as coisas de fora. Isso ajudou-me a ter mais atenção e a estar mais presente a cada momento, bem como a enfrentar problemas e situações de modo neutro, ao se apresentarem. Notei uma redução nas reações emocionais imediatas que eu costumava ter nas situações difíceis, pois agora observava e estudava meus sentimentos antes de reagir, e agia de maneira mais significativa. Senti que a minha capacidade para amar e perdoar os demais também cresceu. Parece-me que tenho agora mais empatia e compreensão; isso talvez possa ser creditado ao altruísmo que a meditação promove.

Sem dúvida, também sinto maior conexão comigo mesma, mais do que jamais experimentei, e posso ver com clareza e aceitar todas as minhas partes, boas e más. Por sua vez, isso me ajuda a identificar em meu interior as oportunidades de aperfeiçoamento, bem como a trabalhar nelas sem me julgar em demasia. Em poucas palavras, minha relação comigo mesma melhorou tremendamente. Ao mesmo tempo, meu relacionamento com os outros também melhorou muito. Vejo uma mudança de foco: da pessoa que reclamava dos problemas para a pessoa que os resolve.

E

Mesmo como estudante, sou constantemente puxado em diferentes direções. Num dia normal faço malabarismo entre trabalho acadêmico, trabalho temporário em uma empresa de consultoria, um emprego de professor assistente na MSB e outras atividades da vida pessoal. Portanto, minha mente e corpo estão sob o ataque de múltiplos estressores. A meditação ajudou-me a acalmar a mente em momentos de estresse acentuado. Consigo fechar os olhos e desacelerar os múltiplos pensamentos que levam a cabeça ao caos. Em momentos de estresse extremo, quando estou entre a vida e a morte para cumprir múltiplos prazos, descobri ser muito útil entrar em uma sessão de meditação curta, e sair dela com a mente renovada e relaxada. Isso me ajuda a ser mais produtivo e eficaz no trabalho que estou procurando realizar. Tornou a meditação uma experiência muito tentadora e, talvez, até animadora.

F

Embora, pessoalmente, eu não tenha *percebido* grande impacto, há pouco tempo tive um interessante encontro que pode sugerir que a meditação esteja exercendo sua influência de maneira sutil. Um colega da equipe do meu projeto global de consultoria abordou-me na semana passada, muito ansioso, para falar sobre o tanto de trabalho que tínhamos que fazer antes da nossa apresentação, dali a dois dias. Olhei para ele com calma e lhe disse: "Eu sei, mas nós o faremos". E, então, expliquei-lhe como poderíamos dividir as tarefas. Ele voltou-se para mim e disse: "Você está bem?". Quando lhe perguntei o que ele queria dizer com isso, ele fez uma pausa e deu a entender que eu parecia um pouco "estranho", meio "fora de órbita". Partindo do princípio de que não me tornei, nas últimas semanas, uma pessoa "estranha" ou socialmente desajeitada, creio que ele estava apenas surpreso por eu estar tão relaxado acerca daquela situação e tão confiante de que as tarefas seriam realizadas.

Em geral, sou uma pessoa que reage de modo instintivo, ansioso; consigo motivar as pessoas, mas também é possível que as estresse. Creio que minha reação era nova para ele, e ele é uma pessoa que me conhece bem.

G

Para mim, a meditação tem sido uma solução de sanidade. Como muitos outros, não lido bem com o estresse, seja o de procurar um emprego, o da preocupação com finanças ou o da solução de problemas de relacionamento com a família, amigos e outras pessoas importantes, o de lidar com separações, mágoas etc. Todos esses estressores tornaram-se um peso na minha vida, tão grande que acabei me sentindo sobrecarregado e em sofrimento. Antes deste curso de meditação, a minha maneira de lidar com o estresse e os problemas pessoais era tóxica. Eu atacava as pessoas que amo, era amargo e sentia que o mundo estava contra mim. Cheguei a um ponto em que não gostava do que via em mim.

Posso lembrar um momento, no ano passado, em que estava tão deprimido que precisei visitar o centro de saúde estudantil com vistas à minha sanidade mental. Ainda que o médico tenha me receitado pílulas, a solução não foi substancial nem promoveu a satisfação que eu buscava. Ora, eu sempre soube da meditação, mas não tinha a menor ideia do que era realmente. Gostaria muito que a meditação e a liderança me tivessem sido apresentadas mais cedo. Ensinaram-me a valorizar o investimento que faço em mim mesmo. Sou incentivado a dedicar tempo para meditar, para estar em sintonia comigo e deixar as distrações fora. O estado de sanidade mental é um tema crítico, e mais do que nunca agora na sociedade atual.

Com a meditação, sou capaz de tirar um tempo em vários períodos do dia e simplesmente escapar. Tenho conseguido abstrair-me do ambiente em torno, enquanto medito. Durante esse processo, comecei a fazer descobertas acerca de mim mesmo, a aprender a meu respeito, a saber sobre aquilo com que posso ou não posso lidar, sobre quais são as grandes distrações e desordens da minha mente, sobre o que me coloca em estado de perturbação emocional, dissonância emocional e entorpecimento emocional. Para mim, a meditação foi revolucionária, pois finalmente começo a me entender e a me respeitar o suficiente para saber que necessito desse tipo de interioridade.

Apêndices

1

Bonnevaux:
Um centro de paz para a paz

A Abadia de Bonnevaux foi fundada em 1119 e teve uma vida contemplativa de serviço ao mundo, com base na Regra de São Bento, por 700 anos.

Seu segundo milênio começa em 2019 como Centro Internacional de Retiros e Conferências da WCCM e de sua plataforma de divulgação, *Meditatio*. Continuará a servir o mundo de hoje.

O Centro de Conferências *Meditatio* receberá equipes de lideranças do mundo de negócios e finanças, educação, medicina e ciência para desenvolver novas maneiras de pensar e de responder aos desafios do século XXI.

Em um cenário fisicamente belo e puro, e com a sustentação do ritmo de meditação diária, os líderes e suas equipes podem refletir acerca da conexão entre transformação pessoal e social.

Bonnevaux acrescenta uma nova e importante dimensão ao nosso trabalho de ensino da meditação como forma de desenvolver um modo contemplativo de trabalhar e de viver no mundo moderno.

Todos são bem-vindos.

Para mais informações, visite: www.bonnevauxwccm.org.

2

Fontes recomendadas

Livros

MAIN, John. "*Radical Simplicity: Meditation for Everyone*". Meditatio, UK, 2013. (também disponível em CD)

NG KOK SONG, Peter. "*Contemplative Leadership*". Meditatio, UK, 2014.

NG KOK SONG, Peter et al. "*The Business of Spirit*". Meditatio, UK, 2012.

DVDs e CDs

LEE KUAN YEW et al. "*Reflections by Leaders who Meditate*". Medio Media, Singapore, 2014. (DVD)

MAIN, John. "*Radical Simplicity: Meditation for Everyone*". Meditatio, UK, 2013. (CD)

NG KOK SONG, Peter. "*The Contemplative Executive*". Medio Media, Singapore, 2009. (CD)

NG KOK SONG, Peter. "*Meditation and Business*". WCCM, Singapore, 2009. (CD)

Fontes *on-line* e *websites*

Comunidade Mundial para a Meditação Cristã (WCCM)

www.wccm.org.br e www.wccm.org

Esses *websites* da WCCM oferecem variada gama de recursos para dar suporte aos meditadores em sua jornada. Há textos, gravações de áudio e de vídeo, e *links* úteis para outros recursos e *websites*.

Medio Media

www.mediomedia.com

Medio Media é a Editora da WCCM em Cingapura. Opera uma livraria *on-line* para a WCCM. Os livros, DVDs e CDs citados acima neste Apêndice estão ali disponíveis.

Meditatio

www.meditatio.co.uk

Meditatio é um conjunto de programas, publicações e eventos que leva os frutos e benefícios da meditação para o mundo mais amplo. É a divulgação da Comunidade Mundial para a Meditação Cristã. Procura difundir os valores e a sabedoria espiritual universal para que atuem sobre os problemas prementes de um mundo secular.
Foram produzidas publicações nas áreas da liderança, da educação, da saúde mental, da dependência, da medicina e do morrer. Estão disponíveis na livraria *on-line* da WCCM.

WCCM App

http://tiny.cc/WCCMApp2

O aplicativo ajuda o praticante na preparação e temporização da sessão de meditação. Oferece também subsídios provenientes do *website* da WCCM.

3

A Comunidade Mundial para a Meditação Cristã

John Main fundou o primeiro Centro de Meditação Cristã em Londres em 1975. A Comunidade Mundial para a Meditação Cristã (WCCM) tomou corpo em 1991, a partir da semente plantada, que então começara a crescer em uma extensa família contemplativa. Agora ela dá continuidade à meta de John Main de restaurar a dimensão contemplativa na vida comum da Igreja e se empenha em dialogar com o mundo secular e com outras religiões nas áreas que compartilham.

O atual diretor da Comunidade é Laurence Freeman, aluno de John Main e monge da Abadia de Lendinara, mosteiro da Congregação Beneditina Olivetana. O Centro Internacional da Comunidade Mundial tem base em Londres, e há centros em muitas outras partes do mundo. A Comunidade é um "mosteiro sem paredes", composta tanto de organizações nacionais bem desenvolvidas quanto de comunidades emergentes em mais de cem países. Um dos principais elementos para a construção de tudo isso é o crescente número de pequenos grupos de meditação semanal que se reúnem em lares, paróquias, escritórios, hospitais, presídios e universidades. Eles formam uma comunidade cristã ecumênica, dotada de diversos talentos e tradições.

Anualmente, eventos como o Seminário John Main e o *Way of Peace* (Caminho da Paz) reúnem meditadores em diálogo com outras tradições e movimentos globais. A Comunidade também patrocina retiros, escolas para treinamento de instrutores de meditação, seminários, conferências e outros programas. Tem contribuído com o diálogo inter-religioso, e nos últimos anos de modo especial com budistas e muçulmanos. Um boletim trimestral com notícias da Comunidade é enviado pelos correios e também fica disponível *on-line*. Leituras semanais também são disponibilizadas de modo gratuito aos interessados por meio de *websites*, *e-mails* ou redes sociais, e um crescente número de recursos vem sendo desenvolvido para dar apoio à jornada espiritual com o auxílio da mais moderna tecnologia. Isso possibilita novas iniciativas, tais como o ensino de meditação para crianças, a formação de redes de espiritualidade para jovens e a dimensão contemplativa da vida de sacerdotes. A *Medio Media*, ramo editorial da Comunidade, produz variada gama de livros e audiovisuais como apoio à prática da meditação.

A *Meditatio* é a divulgação da Comunidade Mundial, iniciada para marcar o seu vigésimo aniversário. Sob a coordenação do *Meditatio Center* em Londres, um programa de seminários leva uma abordagem espiritual a problemas sociais específicos de nosso tempo, tais como os da educação, da saúde mental, da paz e da justiça, das empresas e negócios, dos cuidados com convalescentes e doentes terminais. A *Meditatio* desenvolve o uso da tecnologia no trabalho de renovação espiritual. Ajuda também na formação de uma geração mais jovem de meditadores, que mais tarde servirão como líderes da Comunidade.

A Comunidade Mundial para a Meditação Cristã

www.wccm.org

Centros e Contatos da WCCM ao Redor do Mundo: Para localizar um grupo com quem possa meditar em seu país, por favor visite o website de seu país conforme lista a seguir. Para países não mencionados aqui, por favor visite o website da WCCM http://tiny.cc/nationalwebsites. Para juntar-se a algum grupo que se reúne *on-line*, por favor visite http://tiny.cc/onlinegroups. Você também pode entrar em contato com o escritório internacional:

WCCM International Office
Tel: +44 20 7278 2070
E-mail: welcome@wccm.org

Comunidades nacionais

Alemanha	www.wccm.de
Argentina	www.meditacioncristianagrupos.blogspot.com
Austrália	www.christianmeditationaustralia.org
Bélgica	www.christmed.be
Brasil	www.wccm.org.br
Canadá francês	www.meditationchretienne.ca
Canadá inglês	www.meditatio.ca
China	www.wccm.hk
Cingapura	www.wccmsingapore.org
Colômbia	www.meditacioncristianacol.blogspot.com
Dinamarca	www.kristenmeditation.org
Espanha	www.wccm.es
Espanha catalã	www.meditaciocristiana.cat
Estados Unidos da América	www.wccm-usa.org
França	www.wccm.fr
Holanda	www.wccm.nl
Hong Kong	www.wccm.hk
Indonésia	www.meditasikristiani.com
Irlanda	www.christianmeditation.ie
Itália	www.meditazionecristiana.org
Malásia	wccm.wccmmalaysia.org
México	www.meditacioncristiana.net
Noruega	www.wccm.no
Nova Zelândia	www.christiameditationnz.org.nz
Polônia	www.wccm.pl
Portugal	www.meditacaocrista.com
Reino Unido	www.christianmeditation.org.uk
Ucrânia	www.wccm.org.ua
Venezuela	www.meditadores.blogspot.com

EDITORA VOZES LTDA.
Rua Frei Luís, 100 – Centro – Cep 25689-900 – Petrópolis, RJ
Tel.: (24) 2233-9000 – E-mail: vendas@vozes.com.br